U0637991

"十二五"国家重点图书出版规划项目

社会系列

济南史话

A Brief History of Jinan

张华松 主编

社会科学文献出版社
SOCIAL SCIENCES ACADEMIC PRESS (CHINA)

《中国史话》编辑委员会

主　　任　陈奎元

副 主 任　武　寅　高　翔　晋保平　谢寿光

委　　员　（以姓氏笔画为序）

卜宪群　马　敏　王　正　王　巍
王子今　王建朗　邓小南　付崇兰
刘庆柱　刘跃进　孙家洲　李国强
张国刚　张顺洪　张海鹏　陈支平
陈春声　陈祖武　陈谦平　林甘泉
卓新平　耿云志　徐思彦　高世瑜
黄朴民　康保成

秘 书 长　胡鹏光　杨　群

副秘书长　宋月华　薛增朝　黄　丹　谢　安

《济南史话》编辑委员会

主　任　雷　杰

副主任　谭延伟

成　员　周鸿雁　张华松　朱佩锋　戴永夏
　　　　史瑞玲　董建霞　张国洪　李　伟

总　序

　　中国是一个有着悠久文化历史的古老国度，从传说中的三皇五帝到中华人民共和国的建立，生活在这片土地上的人们从来都没有停止过探寻、创造的脚步。长沙马王堆出土的轻若烟雾、薄如蝉翼的素纱衣向世人昭示着古人在丝绸纺织、制作方面所达到的高度；敦煌莫高窟近五百个洞窟中的两千多尊彩塑雕像和大量的彩绘壁画又向世人显示了古人在雕塑和绘画方面所取得的成绩；还有青铜器、唐三彩、园林建筑、宫殿建筑，以及书法、诗歌、茶道、中医等物质与非物质文化遗产，它们无不向世人展示了中华五千年文化的灿烂与辉煌，展示了中国这一古老国度的魅力与绚烂。这是一份宝贵的遗产，值得我们每一位炎黄子孙珍视。

　　历史不会永远眷顾任何一个民族或一个国家，当世界进入近代之时，曾经一千多年雄踞世界发展高峰的古老中国，从巅峰跌落。1840 年鸦片战争的炮声打破了清帝国"天朝上国"的迷梦，从此中国沦为被列强宰割的羔羊。一个个不平等条约的签订，不仅使中国大量的白银外流，更使中国的领土一步步被列强侵占，国库亏空，民不聊生。东方古国曾经拥有的辉煌，也随着西方列强坚船利炮的轰击而烟消云散，中国一步步堕入了半殖民地的深渊。不甘屈服的中国人民也由此开始了救国救民、富国图强的抗争之路。从洋务运动到维新变法，从太平天国到辛亥革命，从五四运动到中国共产党领导的新民主主义革命，中国人民屡败屡战，终于认识到了"只有社会主义才能救中国，只有社会主义才能发展中国"这一道理。中国共产党领导中国人民推倒三座大山，建立了新中国，从此饱受屈辱与践踏的中国人民站起来了。古老的中国焕发出新的生机与活力，摆脱了任人宰割与欺侮的历史，屹立于世界民族之林。每一位中华儿女应当了解中华民族数千年的文明史，也应当牢记鸦片战争以来一百多年民族屈辱的历史。

当我们步入全球化大潮的 21 世纪，信息技术革命迅猛发展，地区之间的交流壁垒被互联网之类的新兴交流工具所打破，世界的多元性展示在世人面前。世界上任何一个区域都不可避免地存在着两种以上文化的交汇与碰撞，但不可否认的是，近些年来，随着市场经济的大潮，西方文化扑面而来，有些人唯西方为时尚，把民族的传统丢在一边。大批年轻人甚至比西方人还热衷于圣

诞节、情人节与洋快餐，对我国各民族的重大节日以及
中国历史的基本知识却茫然无知，这是中华民族实现复
兴大业中的重大忧患。

　　中国之所以为中国，中华民族之所以历数千年而不分
离，根基就在于五千年来一脉相传的中华文明。如果丢弃
了千百年来一脉相承的文化，任凭外来文化随意浸染，很
难设想13亿中国人到哪里去寻找民族向心力和凝聚力。
在推进社会主义现代化、实现民族复兴的伟大事业中，大
力弘扬优秀的中华民族文化和民族精神，弘扬中华文化的
爱国主义传统和民族自尊意识，在建设中国特色社会主义
的进程中，构建具有中国特色的文化价值体系，光大中华
民族的优秀传统文化是一件任重而道远的事业。

　　当前，我国进入了经济体制深刻变革、社会结构深
刻变动、利益格局深刻调整、思想观念深刻变化的新的
历史时期。面对新的历史任务和来自各方的新挑战，全
党和全国人民都需要学习和把握社会主义核心价值体
系，进一步形成全社会共同的理想信念和道德规范，打
牢全党全国各族人民团结奋斗的思想道德基础，形成全
民族奋发向上的精神力量，这是我们建设社会主义和谐
社会的思想保证。中国社会科学院作为国家社会科学研
究的机构，有责任为此作出贡献。我们在编写出版《中
华文明史话》与《百年中国史话》的基础上，组织院内
外各研究领域的专家，融合近年来的最新研究，编辑出

版大型历史知识系列丛书——《中国史话》，其目的就在于为广大人民群众尤其是青少年提供一套较为完整、准确地介绍中国历史和传统文化的普及类系列丛书，从而使生活在信息时代的人们尤其是青少年能够了解自己祖先的历史，在东西南北文化的交流中由知己到知彼，善于取人之长补己之短，在中国与世界各国愈来愈深的文化交融中，保持自己的本色与特色，将中华民族自强不息、厚德载物的精神永远发扬下去。

《中国史话》系列丛书首批计200种，每种10万字左右，主要从政治、经济、文化、军事、哲学、艺术、科技、饮食、服饰、交通、建筑等各个方面介绍了从古至今数千年来中华文明发展和变迁的历史。这些历史不仅展现了中华五千年文化的辉煌，展现了先民的智慧与创造精神，而且展现了中国人民的不屈与抗争精神。我们衷心地希望这套普及历史知识的丛书对广大人民群众进一步了解中华民族的优秀文化传统，增强民族自尊心和自豪感发挥应有的作用，鼓舞广大人民群众特别是新一代的劳动者和建设者在建设中国特色社会主义的道路上不断阔步前进，为我们祖国美好的未来贡献更大的力量。

陈奎元

2011 年 4 月

出版说明

　　自古至今，始终坚持不懈地从漫长的文明进程中不断总结历史经验教训，从中汲取有益营养，从而培植广阔的历史视野，并具有浓厚的历史意识，这是我们中国文化独有的鲜明特征，中华民族亦因此而以悠久的"重史"传统著称于世。在整个人类文明史上独一无二、系统完备的"二十四史"即证明了这一点。

　　中华人民共和国成立后，历史知识普及工作被放到十分重要的位置。20世纪五六十年代，著名历史学家吴晗主持编写的《中国历史小丛书》，90年代中国社会科学院院长胡绳组织编写的《中华文明史话》和《百年中国史话》，成为"大家小书"的典范，而后两套历史知识普及丛书正是《中国史话》之缘起。

　　2010年年初，为切实贯彻中央关于"做好历史知识普及工作"的指示精神，同时也为了更好地弘扬中国传统文化，我们对《中华文明史话》和《百年中国史话》

两套丛书的内容进行了修订和增补，重新设计框架，以"中国史话"为丛书名出版。第十一届全国政协副主席、时任中国社会科学院院长陈奎元亲任《中国史话》一期编委会主任，时任中国社会科学院副院长武寅任编委会副主任。正是有了各级领导的关心支持和诸多学术名家的积极参与，《中国史话》一期200种图书得以顺利出版，并广受好评。

《中国史话》丛书的诞生，为历史知识普及传播途径的发展成熟，提供了一种卓具新意的形式。这种形式具有以通俗表述、适中篇幅和专题形式展现可靠历史知识的特征。通俗、可靠、适中、专题，是史话作品缺一不可的要素，也是区别于其他所有研究专著、稗官野史、小说演义类历史读物的独有特征。

囿于当时条件，《中国史话》一期的出版形式不尽如人意，其内容更有可以拓展的广阔空间，为此2013年4月我们启动了《中国史话》二期出版工作。《中国史话》二期分为经济、政治、文化、社会和生态五大系列，拟对中国各区域、各行业、各民族等的发展历史予以全方位介绍。我们并将在适当时机，启动《世界史话》的出版工作。史话总规模将达数千种。

我们愿携手海内外专家学者，将《中国史话》《世界史话》打造成以现代意识展现全部人类历史和人类文明，集学术性、知识性、趣味性于一体的"万有文库";并将承载如此丰厚内容的史话体写作与出版努力锻造成新时期独具特色的出版形态。

希望史话丛书能在形塑民族历史记忆、汲取人类文明精华、培育现代国民方面有所贡献,并为广大读者所喜爱。

史话编辑部

2014 年 6 月

目 录
Contents

序

　　在全体编撰人员的共同努力下，《济南史话》得以正式出版。作为大型系列丛书《中国史话》的组成部分，本书的面世，是社会科学服务泉城文化建设的一项新成果，标志着我市在弘扬传承区域历史文化方面又取得了新进展。作为该书的编委会主任，我感到十分欣慰。

　　我市作为全国重要地市行政区划之一，能入选这项"十二五"国家重点出版规划项目，值得骄傲和自豪。济南是一座历史文化名城，是闻名世界的史前文化——龙山文化的发祥地，若以城子崖龙山文化古城算起，至今约有 4600 年的建城史。这里不仅有甲天下的众多涌泉，而且人文荟萃，历史遗存众多。《济南史话》的出版，一方面，为我市对外宣传和推介提供了一扇窗口，有助于提高济南的知名度和影响力，同时，它为社会各界及广大市民在较短时间内尽可能多地了解和把握我市的历史文化发展概况，尤其对于我市青少年朋友从小养成"知我历史，爱我泉城"的观念，极有裨益。可以说，通过弘扬传承我市历史文化，将其与我市正在开展的其他文化工作同频共振，必将积极推进"天下泉城"品牌的打造和"文化强市"战略的实施。从这个角度看，《济南史话》的编撰出版，功不仅在当下，更惠及长远！

按照出版要求，本书成书约 10 万字。用如此短的篇幅把济南经济社会发展的历史囊括进去，对编写者来讲是一个不小的考验。高兴的是，经过编委会成员的共同努力，在紧密结合济南实际，并充分考虑各种因素的基础上，我们最终确定了本书的章节布局及撰写风格。全书共包括古史溯源、历史风云、名士风采、地方文化、景观名胜及现代风貌六个章节。在写作风格上，我们在尊重客观史实的同时坚持深入浅出，充分体现"史话"的知识性、可读性，以期在尽量满足广大读者的阅读口味和阅读习惯的同时，充分体现出济南所特有的历史文化。至于效果如何，尤其是能否使广大读者朋友们满意，我们惴惴然等您提出宝贵意见。

值本书付梓之际，作此赘语附上，权且为序。

中共济南市委副书记　　雷　杰

前　言

　　济南是山东省省会，是全省政治、经济、文化、科技、教育、交通和金融中心，也是国家批准的副省级城市和沿海开放城市，现辖历下、市中、槐荫、天桥、历城、长清六区和平阴、商河、济阳三县及章丘市。全市总面积 8177 平方公里，截至 2012 年末，城市建成区（市内六区）面积 363.7 平方公里，常住人口 695 万人，户籍总人口 609.2 万人。

　　济南区位优势明显，自然环境独特。它南依泰山，北跨黄河，位于鲁中山地与鲁北平原的过渡带上。地势南高北低，地形可分为三带：南部为山地丘陵带，中部为山前平原带，北部为冲积平原带。

　　在"五岳之尊"的泰山主峰玉皇顶的北侧，有一道东西绵延 200 余里的长岭，由于这道长岭是泰山地区的南北分水岭，故名分流岭；又因为古代齐国在岭上修建了中国最早的一道长城，故又名长城岭。长城岭现如今是济南与泰安、莱芜的分界山。

济南的山无不分于长城岭，呈扇形向北偏西方向延伸，高度逐渐降低，最后变成山前平原上一个个孤立的小山丘，其中尤以环绕济南古城的"齐烟九点"最为典型。

济南南部山区的深涧大谷，随山脉走势，一般也呈东南—西北方向。泉溪汇流，形成几条较大的河流，自西而东主要有：平阴境内的狼溪河（古称"狼溪"或"龙溪"）、平阴河（古称"锦水"），长清境内的南大沙河（古称"宾溪谷水"）、北大沙河（古称"中川水"），长清与槐荫交界一带的玉符河（古称"玉水"），发源于济南城区内外众泉之水的泺水、历水，历城与章丘接壤一带的巨野河（古名"巨合水"或"巨冶水"），章丘境内的绣江河（古名"百脉水"）、獭河（或称"漯河"，古名"杨绪沟水"）。这些河流最后或者注入黄河，或者注入小清河。

黄河、小清河以及济阳、商河之间的徒骇河，是今日济南地区的三大水系，然而在古代却并非如此。

上古时代，济南三大水系自南向北依次是济水、漯水和滴水，这三条河流的历史地位都很高，尤其是济水，与河水（黄河）、淮水（淮河）、江水（长江）并称"四渎"，更是一条伟大的文化名川。她在济南境内的故道，大致就是现今历城以西的黄河和以东的小清河。"济南"，顾名思义，因地处济水之南而得名。

魏晋以后，河南境内的济水河道已经湮没断流，鲁西湖区（巨野泽等）成为济水稳定的源头，济水始有"清河"之名。北宋熙宁年间，黄河在澶州决口，黄河水涌入清河，致使清河在历城东北改道，而循漯水故道入海。宋金之交，伪齐皇帝刘豫从历城以东挑挖济水故道以通漕运，是为小清河，而取道漯水故道入海的清河始称大清河。清咸丰五年（1855），黄河在河南铜瓦厢决口，夺占大清河河道，济水从此彻底消失。

济水是古代济南地区的第一地理界标。济水以北是辽阔无垠的华北平原，济水以南是一块块面积大小不等的山前平原，发源于泰山山地的大小河流无不是济水的支流。在山前平原上，尤其是在各条支流与济水的交汇处，或者二级支流与济水支流的交汇处，往往分布着一些天然的高地或台地，水陆交通便利，水源充沛，物产富饶，故而是济南历史文化的主要生长点和增长点，从史前开始，大型聚落和城邑一般就坐落于此。

济水河道深阔，水清流缓，她是济南的母亲河，济南近万年波澜壮阔的文化长卷正是在济水（包括大小清河）流域展开的。

济南地势南高北低，地质构造又十分特殊，由此在山前平原或山涧谷地，发地皆是清泉，而且一般是成组成群地出露，仅在济南古城内外就有趵突泉、黑虎泉、珍珠泉、五龙潭四大泉群，名泉百有余处，号称"七十二泉"。其他如章丘百脉泉泉群、历城白泉泉群、长清袈裟泉泉群、平阴洪范池泉群，亦皆蔚为奇观，闻名遐迩。正因涌泉星罗棋布，济南故有"泉城"之雅号。

在山前平原上，尤其是古济水及其支流附近，自古就有众多的湖泊，如湄湖、美里湖、洋涓湖、鹊山湖、大明湖、张马湖、遥墙泺、白云湖、芽庄湖、浒山泺等，宛有江南之胜，所以早在北宋的时候，济南就有"水乡"之誉。

济南饶山水之胜，"山水甲齐鲁，泉甲天下"。济南的山，清秀中多了一份沉雄；济南的水，潇洒中多了一份厚重。济南的山水很大程度上决定了济南的文化个性和民风民俗。

济南物产富饶，南部山区盛产木材、木炭、桑麻、药材、干鲜果品以及多种美石，北部湖泊沼泽盛产鱼虾菱藕之属。至于辽阔的平原，土壤肥沃，灌溉方便，自古就是物阜民丰之地。济南的山前坡地和山前平原蕴藏着丰富的高岭土、耐火土、煤炭、铁矿石等矿产，这些矿产在古代社会都是具有战略意义的重要资源。

济南市地处中纬度地带，属暖温带大陆性季风气候。其主要气候特征是：季风明显，四季分明；冬冷夏热，雨量充沛。然而在古代由于生态环境良好，那时济南的气候最是温湿宜人，诚如金元之际诗人元好问吟咏济南风物时所云："毒热非山阳，卑湿无江南。承平十万户，他州隔仙凡。"济南既没有山阳（今河南修武一带，魏晋之际"竹林七贤"的聚会之地）那般毒热，又不似江南那般卑湿，真可谓是人间之仙境。

对于济南历史文化的形成和发展来说，区位优势与自然环境具有同等重要的意义。横向看，济南地处中原内陆与山东半岛的过渡带上，远古以来的济水、漯水，中古以来的大、小清河和黄河，以及济水与泰山山地之间狭长的济右走廊，都是沟通东西水陆交通的大动脉。纵向看，济南地处华北与华东的接合部上，是南北交通的咽喉重地，纵贯泰山西侧的张夏谷地（地质学上称作"张夏地堑"），历来都是南北往来的通衢要道。元代，大运河"弃弓走弦"，改从鲁西经过，大、小清河与大运河实现联运，向东直通大海。20世纪初，胶济铁路、津浦铁路相继开通，济南更成为北上京津、南下沪宁、东连胶莱的交通枢纽。

区位优势决定了济南自古就是水陆通达、舟车辐辏之地，这对于济南文化的发展和文化特质的形成，具有至关重要的意义。

一　古史溯源

1　城子崖龙山文化古国

济南是中华文明的重要发祥地，距今八九千年前，济南就进入有陶新石器时代，章丘西河、小荆山以及长清月庄等后李文化遗址出土资料表明，那时的济南先民，正从季节性迁徙向聚落定居转化，开始从事农作物的栽培。在月庄遗址中，甚至还发现了炭化稻，这是目前我国北方见到的最早的稻米遗存之一。后李文化之后，济南的史前文化又依次有北辛文化（距今7300年至6100年）、大汶口文化（距今6100年至4600年）、龙山文化（距今4600年至3900年），这些考古学文化，编年序列清楚，发展谱系一脉相承，而且独具特色，形成了济南特有的地方文化类型。

以上考古学文化的创造者是夷族。由于夷族主要活动在以山东半岛为中心的东部沿海地区，所以又被称作"东夷"。从古史传说来看，史前时期的济南先后在东夷二昊（太昊、少昊）和大舜有虞氏的活动范围之内。章丘焦家大汶口文化大型聚落可能就是东夷某一古国国都之所在，而章丘城子崖龙山文化古城则可以确定是一个规模相当可观的古国的都城。

城子崖龙山文化古城位于章丘龙山镇（原属历城）武原河畔的城子崖上，面积 20 万平方米，有南北两座城门，两门之间有道路相连。城垣依托河崖、沟崖构筑，构筑技术为版筑与堆筑相结合。城子崖古城遗址区内文化堆积十分丰富，文化层厚者达 3~5 米，薄者也在 1.5 米左右。发现的遗迹主要有房基、窖穴、水井、墓葬等，出土了大量精美的陶器（尤以磨光蛋壳黑陶著名）、石器和蚌器等文物。城区内几乎不存在空白区，表明当时城内居住了相当多的人口，推算大约在 5000 人以上。这些城中居民除了农业生产者外，家庭手工业者、巫医、统治者等非农业生产者和非生产者也占有一定的比例。

"筑城以卫君，造郭以守民"。城子崖龙山文化城的出现，表明这里是海岱地区政治、经济、文化的一个中心，或者说，龙山时代，以城子崖城为中心存在着一个规模颇为可观的古国。田野考古调查表明，这个古国的范围南达泰山北麓，北到刁镇、白云湖一线，东抵长白山西麓，西至小清河支流巨野河附近，东西 30 公里，南北 32 公里，面积大约有 1000 平方公里。在这个古国中心地区，分布着 40 多处龙山文化聚落遗址，依其规模大小，明显可以分为"都、邑、聚"三级结构。由此可见当时济南地区城乡差别、城乡对立的格局已经出现，以私有制为基础的多层次的金字塔式的社会结构已经形成了。

城子崖遗址碑

2 商朝经略东方的中心

夏朝和商朝前期，虽然有妘姓、姜姓等中原部族迁入，但济南地区依然是夷人的天下。商朝后期，济南毗邻殷商京畿地区（以今河南安阳为中心），是商王朝统治和经略东方的中心。在此背景下，商王朝在济南境内的古济水沿线设置了许多邦国或城邑，这些邦国或城邑自西向东主要有异、覃、乐、雷、亳、商等。

异在今长清归德镇境内的南大沙河（古称"宾谷水"）畔，从 20 世纪 50 年代以来，归德小屯、前平一带多次出土有大宗精美的异族青铜器，其中多件带有"异"字（也有人释为"举")的族徽。

异族为姜姓，与商王朝保持着比较密切的关系。归德一带大宗异器的出土，说明商朝后期南大沙河下游冲积平原是异族的重要聚居地，或者是异族的一个方国。

噩，也可以写作"阿"。噩为姞姓，是商朝倚重的诸侯大国，封域主要在济水以西，大致相当于今山东阳谷、东阿、茌平、齐河一带。故而这一带后世多有以"阿"命名的地名。至于济水东岸，以"阿"命名的地名，只有一处，故址在今济南市槐荫区玉符河下游的古城村，晚商的时候，应是噩（阿）国的一处边邑。春秋时称"祝阿"，是齐国西陲的军事重镇。

乐，作为地名始见于武乙、文丁时期的卜辞。乐因泺水而得名，而泺水最初见于武丁时期的一版残辞："……以多……泺。"上古的时候，泺水发源于济南西北郊的乐山（也写作"岳山"，今写作"药山"），其流入济水处，便是商代乐邑之所在，后世称作泺口。它是济水上的一座重要的港口，繁华景象一直持续到近代。

眚，作为商王室在济南一带建立的一个诸侯方国，其都城应该就在济南东郊的大辛庄。20世纪30年代以来，经过数代考古学者的调查和发掘，大辛庄遗址早已跻身我国最重要的殷商文化遗址的行列。该遗址总面积达30多万平方米，是兴建于商朝前期后段、持续几百年辉煌历史的大型中心聚落。

商、亳，都是商族早期的发迹之地，后来商族在迁徙过程中，凡是设立宗庙先君神主的都邑，往往命名为"商"或者"亳"。商朝中后期，随着商王朝势力的向东拓展，济南地区也有了以"商""亳"命名的都邑。具体说，亳在章丘龙山镇城子崖。城子崖龙山文化古城在夏代重建为岳石文化古城。岳石文化古城为东夷嬴姓少昊之后建立的谭国的都城。商王武丁在位时，商朝东征，灭掉了嬴姓的谭国之后，将谭之故地改封给了子姓的王室亲贵或近支，国号仍袭用旧名。谭国易姓，商族人大量涌入，谭国一跃而成为商朝在东方的殖民大国，同时也是商朝继续向东扩张的基地和大本营，于是谭城也就有了"亳"的名号，乃至到了北魏的时候，城子崖仍有"布城"的俗称（"布"为"亳"的音转）。

商代，济南还有一处商邑，故址就在今章丘市绣惠镇女郎山北、绣江河（古称"百脉水"）畔的回村。商朝灭亡之后，此一商邑逐渐废弃成为丘墟，遂有"商丘"之名。先秦时，"商""章"是通假字，所以"商丘"又写作"章丘"，讹变读作"阳丘"。有一个古老的传说，称商朝高祖商亥的爱妾在女郎山脚下溺水身亡，尸体埋在女郎山上。因此，后世女郎山上祠祀"章亥妾"的香火长盛不衰，一直延续到十六国时期。

总之，商代中后期，济南是商王室统治和经略东方的中心，为此济南殷商文化高度繁荣，并吸收了济南土著文化的部分因素，从而形成了具有济南特色的大辛庄类型的殷商文化。

3 齐鲁之间邦国林立

大约在公元前 1046 年，商朝灭亡，周朝建立。为了加强对遥远的东方的统治，周朝在泰山南北的曲阜和临淄分别建立了鲁、齐两大诸侯国，而处在齐鲁两国之间的济南一带，则是邦国林立，这一局面一直延续到春秋初期才告结束。

西周济南一带的邦国有谭、逄、郱等，它们或者属于东夷古国，或者属于殷商旧国，或者属于周室封国，虽然规模不是很大，文化却都相当可观。

谭国，子姓，立国于城子崖，西周初年，曾遭到周朝军队的征伐。《诗经》"小雅"中的《大东》就是周初谭国大夫的作品。通过这篇济南最早的诗歌，我们知道谭国在诗歌、商业以及天文、历法等方面都是相当发达的。

逄国，姜姓，炎帝之后，原本立国于博兴、临淄一带，商朝后期迁至今济阳一带，并与周国有着姻亲关系。周灭商之后，逄、周之间的联姻关系愈加密切了。济阳县姜集乡刘台子村西周早期逄国贵族墓地的发掘资料表明，逄国在西周时拥有较高的政治地位，拥有发达的养蚕业、青铜铸造业和玉石文化。

郱国，妩姓，为东夷有虞氏古国之一，立国于长清区中东部。1995 年长清仙人台西周春秋郱国贵族墓群的发掘，表明郱国保留了大量的东夷土著文化特色，它的青铜文化和音乐文化达到了很高的水平。

邹国，姚姓，也是东夷有虞氏古国之一，今章丘以东直到整个邹平境内，都在其疆域范围之内。这个国家可能在西周时就已被齐国灭掉。战国时，齐国诞生了三位名人，著名的政治家兼音乐家邹忌、阴阳五行学派大师邹衍以及邹衍的后学邹奭，他们可能都属于邹国之后。可见邹国的历史文化渊源也是十分深厚的。

以上这些邦国大都被齐国吞灭，它们的文化被齐文化吸纳和融合。齐泱泱大国之风的形成，济南古国文化可谓贡献良多。

在历汭之地，也就是古历水（发源于舜泉）西岸的今济南老城西南一隅，西周时还存在一个历国，而且有迹象表明它可能在殷商时就已存在。济南古城肇建于此，迄今约有 3000 年左右的历史。

4 齐国西陲的咽喉重镇

齐国势力向西渗透济南，早在西周前期就开始了。进入东周（春秋战国），齐人加快了西进的步伐，蚕食鲸吞，逐渐将整个济南地区纳入了齐国的版图。由于济南依山傍水，地处咽喉要道之上，是齐国西陲的门户，是齐国进取中原、争霸天下的跳板和基地，所以齐国政府一向是以战略的高度来经略和建设济南的，尤其是济南境内的济右走廊和济水通道，更是齐国经略与建设的重点。

齐桓公元年（前 685），春秋五霸之首的齐桓公借风云际会登上齐国君主的宝座。次年，他就出兵谭国，使其彻底沦为齐国的附庸，从而扫除了齐国西出中原争霸天下的障碍。为了加强对济右走廊的开发经营和统治力度，齐桓公将他的四位重臣分封于济南，具体说就是将谷邑（故址在今济南平阴东阿镇）封给管仲，鲍邑（在今济南东郊鲍山下）封给鲍叔牙，宁邑（后世称宁戚城，故址在今章丘刁镇王官村南）封给宁戚，卢邑（故址在今长清归德镇卢城洼）封给齐国正卿高傒。以上四座重镇在济右走廊上自东北而西南一线排开，仅从布局上就可见出手不凡，战略意图是很明显的。

　　春秋战国时期的济南地区，还有几处城邑也十分重要。

　　崔邑，故址在今章丘黄河乡西南的土城。这是齐国在济南地区设置的最早的一座城邑，时间可以上溯到西周前期。齐景公二年（前546），权臣崔杼死后，崔邑被齐国中央政府收回，成为景公直接领有的公邑。

　　平阴邑，故址在今长清孝里镇东障一带。齐灵公二十七年（前555）以晋国为首的诸侯联军讨伐齐国，攻取平阴之后，才得以长驱直入，兵临齐都城下。也正是在这次战役前夕，坐镇平阴的齐灵公为了能够御敌于国门之外，发动士卒加固增修平阴城南侧的堤防，使这道堤防由原来的水利工程一跃而成为军事防御工程的巨防长城。齐长城是中国长城的鼻祖。

齐长城遗址

东平陵，位于平陵城东偏北 2 公里处。谭国自从沦为齐国的附庸后，它的都城也就逐渐变成了齐国的一处城邑，即齐国的平陵城。进入战国，兼并战争日趋激烈，为适应形势发展的需要，齐国政府决定放弃城区面积狭小的平陵城，而在平陵城东建筑新的平陵城，也就是东平陵城。东平陵城呈正方形，边长约 1900 米，共有四座城门，城区总面积约 360 万平方米，几乎是平陵城的 20 倍。东平陵城作为区域中心城市的地位自此得以确立。

泺邑，在今济南北郊泺口，是齐国控制济水交通线的枢纽和重镇。《春秋》和《左传》都记载，齐襄公四年（前 694），齐襄公与来访的鲁桓公相会于泺。此泺，不少人认为就是泺水，甚至具体落实为后世称作泺源的趵突泉，还有人认为泺就是历下城。其实，此泺应该是指泺口的泺邑。

历下，是齐国控制东西陆路交通线的咽喉重镇，具有重要的战略地位，其前身是西周时的历国。宋朝人说："历下军声从古盛。"历下的确是春秋战国诸侯争霸、列强争雄的一个重要的平台。齐王建四十年（前 225），秦将王贲灭魏之后，乘胜向东北挺进，一举攻克历下。齐王建四十四年（前 221），王贲结束了灭燕之役，随即挥师南下，与历下的秦国驻屯军会合，并力向东挺进，兵临齐都城下，齐王献城投降，齐国灭亡。

5　两汉时的济南与济北

秦朝初并天下，分天下为三十六郡，当时，今济南地区大部隶属于济北郡。济北郡治博阳,博阳故城在今泰安东南旧县村。汉初,分济北郡置博阳郡,济北郡移治卢县(故址在今长清归德卢城洼),博阳郡仍以原济北郡治为郡治,治博县(今山东泰安东南旧县村)。大约在汉高祖六年(前201)至高后元年(前187)之间,博阳郡治北迁至济水之南的东平陵,博阳郡改称济南郡,"济南"一名从此见诸史册。终两汉之世,济南或为郡,或为国,下辖东平陵、历城(县治在今济南旧城区)、土鼓(县治在今章丘明水镇)、菅(县治在今济阳东南)、著(县治在今济阳西南)等县,总之今济南老城区以及济南地区的东半部都在济南郡(国)的辖域之内。

济南郡治东平陵兴建于战国,汉代多次重修。城区内文化堆积层很厚,基本以汉代为主。其中城内中部偏北发现大面积夯土台基,俗称"殿基地",是两汉济南国的宫殿区或济南郡郡衙所在地。城内西北部是制陶遗址,城内西侧偏南处,俗称"铁十里铺",发现大面积冶铁遗址,出土铁器数量多,器类全,而且铸造精良,说明东平陵城在西汉时期是一处综合性的冶铁铸造业生产基地。

汉代在工矿地区设"官"予以管理和经营,比如在以丝麻纺织为主的手工业发达地区设"工官",在冶铁业发达地区设"铁官"。西汉时,全国共设工官8处,铁官44处,东平陵就各占一处。东汉章帝曾把他珍藏的三把宝剑,分别赐给三位宠臣,其中赐予尚书陈崇的那把宝剑就叫做"济南椎成"。由此可见东平陵经济之繁荣,冶铁业之发达。

在西汉前期,济北或为郡,或为国,统治中心都在卢县,

东平陵城遗址

今长清、平阴等地皆属济北的辖域。汉武帝后元二年（前87），济北国被废灭，卢县归属泰山郡，失去了郡国一级政治中心的地位，不过由于卢县地处交通要道之上，战略地位重要，故而泰山郡都尉（主管一郡治安）始终驻扎于此。

到了东汉和帝永元二年（90），汉朝中央政府分泰山郡为济北国，立汉章帝之子刘寿为济北王，都城仍在卢县。长清孝里镇孝堂山上有一座尚未开掘的东汉前期的大墓，墓前的石祠是我国现存年代最为古老的地面房屋建筑，而祠内的汉画像石刻以其宏大的场面、丰富的内容和精湛的雕刻艺术而久负盛名，成为举世公认的汉画像艺术瑰宝。这座大墓的主人可能就是某一代济北王。

两汉济北卢城夯土城墙遗址在 20 世纪 60 年代遭到严重破坏，但是城圈轮廓仍然清晰可辨。城址呈正方形，边长 2000

米。城址内外出土过砖瓦等建筑材料以及大型窑址，证明卢城也是一座重要的工商业城市。

6 济南郡治西迁至历城

西晋永嘉年间（307～312），济南郡治由东平陵西迁至历城，历城作为济南区域中心城市的地位始得确立。

济南郡治西迁的背景和原因是多方面的，不过有两方面是最重要的。

我们知道，三国以前的上古时代，无论是政治、军事还是经济、文化，更多地呈现出一种东西向的地缘关系，可是进入中古时期，南北对峙、交争局面形成，南北向的地缘关系开始凸显。在这一背景下，扼守东西交通线的东平陵，其地缘政治优势和战略地位愈发不能同地处东西南北交通要道的历城相比。这是济南郡治西迁的一个背景和原因。另一个背景和原因，可能在于东平陵生态环境的退化，尤其是水资源不足以继续维持工农业用水和众多人口的生活所需。在这一背景下，郡治西迁水资源丰富的泉城历城，更是一种必然。

元嘉九年（432），南朝刘宋政权在济南郡侨置冀州，历城又升格为冀州的州治。皇兴三年（469），北魏政权改侨置冀州为齐州，齐州辖济南郡（治历城）、东魏郡（原治历城，后徙治台城，故址在今历城东北）、太原郡（治升城，在今长清张夏）等六郡。

历城，虽然占尽山水形胜，战略地位极其重要，但是作为一座县城，由于处在历水（发源于舜井泉群，今曲水亭街河道便是古历水的孑余）、泺水（即今济南西护城河。按上古泺水发源于济南西北郊外的药山，到了中古，始以趵突泉为泺水之源）之间，城区原是很小的，东西和南北距离仅有 500 米左右。这样一座小城作为历城县城已经不够宽敞了，又怎能作为郡城和州城呢？于是，人们就在历水东岸新建了一座大城。这座大城呈长方形，南北长约 1000 米，东西宽约 500 米。这样一来，济南东西二城并峙，在名山胜水的衬托下，显得恢宏壮阔，气象不凡。北齐天统二年（566）端午节，著名历史学家、代理齐州刺史的魏收登上济南城南的舜山（今千佛山），徘徊顾眺之后，感慨地说道："吾所经多矣，至于山川沃壤，衿带形胜，天下名州，不能过此。"魏收经多见广，在他看来，济南已经发展为天下第一名州。

济南城的这轮大规模的扩建和改建，断断续续延续了二百余年，这期间，对于整个中国来说，正是审美进入自觉的时期，山水诗、山水画相继出现，园林艺术发轫，造园运动蔚然而起。所以伴随城建的展开，济南作为一座山水园林之城的基本风貌和格局已经初步形成。

我们且看那时的济南，历水一线有"泉源竞发"舜井泉群，有士人曲水流觞、雅集行乐的流杯池（在今曲水亭街一带）。泺水一线有"水涌若轮"的趵突泉，有古大明湖（在今五龙潭一带），湖上的大明寺和迎使送客的客亭，水木清华，鱼鸟沉浮，风光绮丽，堪悦心目。再看历水与泺水相会处有历水陂，历水陂便是后世大明湖和小明湖（又名南湖）的前身。

二水合流之后向北注入鹊山湖,并最终进入济水。鹊山湖周环
20 里,湖中多莲花,"红绿间明,乍疑濯锦"。浩渺烟波之上,
鹊山如飘浮的翠屏,华山似含苞欲放的花朵。湖畔水渚之上又
有避暑胜地使君林和"杂树森竦,泉石崇邃"的房家园。而
使君林的碧筒饮以及房家园的诗人雅会,则又是济南泉水文化
发轫、风雅"诗城"初显端倪的见证。

7　由齐州升格为济南府

隋初,改州、郡、县三级为州、县二级,裁省济南郡,以
齐州直接统辖历城等属县。不久,又改为郡、县二级制,齐州
改称齐郡。隋代齐州或齐郡辖历城、祝阿(县治在今禹城境
内)、临邑(县治在今济阳境内)、临济(县治在今章丘黄河
乡临济村)、章丘(县治在今章丘绣惠镇回村)、亭山(县治
在今章丘曹范镇)等十县。至于今长清、平阴一带,则隶属
于济北郡。另外,隋新置商河县,属渤海郡。唐代恢复隋初州
县二级制,济南仍称齐州,商河地属棣州。

宋初,分全国政区为 15 路,今山东地区设京东路,齐州
隶属于京东路。神宗熙宁年间,京东路划分为京东东路和京东
西路,由于齐州恰好地处京东东路首府青州与京东西路首府兖
州之间,故而在政区归属上,隶属关系屡有变化。

当时齐州辖域仅有历城(治所)、长清、章丘、禹城、临
邑五县。今平阴一带时置平阴和东阿二县,属郓州,商河属棣
州。

宋代州分六等，依次为都督州、节度州、观察州、防御州、团练州和军事州。北宋前期，齐州仅是防御州。由于宋英宗即位前曾任齐州防御使，故其即位后升齐州为兴德军，即由防御州升为节度州。宋徽宗即位后，具体说在宋徽宗政和六年（1116），为尊显英宗，又升齐州为济南府。

由齐州升格为济南府，也是济南在北宋时期交通、政治、经济、军事地位提升的必然结果。

北宋定都汴京（今河南开封），济南距离京畿地区较近，且不论是陆路还是水路，都处在京东地区的交通要道上，故素有"畿左名邦""东方名郡"之誉。在经济上，济南"其地富饶"，都市经济繁荣（中国历史博物馆收藏的北宋"济南刘家功夫针铺"的商标铜版，就是当时济南工商业繁荣的力证），是北宋中央政权最重要的税源地之一。军事上，济南位于北宋政权北部防守的前沿地带，战略地位重要，故而时人有"全齐奥区，首推历下"之语。文化上，北宋前期，济南一带是儒学复兴和古文运动的重要基地，北宋中期以后更是俊才星驰，词坛两大高峰"济南二安"——李清照（易安）和辛弃疾（幼安）——的横空出世，更为济南增添了无限的荣光。

北宋重文轻武，以文治国，往往把著名的文臣外放到名胜之地去任职，故而饶山水之胜的济南也就"每有风流太守来"了。在众多曾经任职济南的风流太守中，尤以曾巩（字子固，雅号南丰先生）对济南城建和济南文化贡献良多。

在曾巩任齐州知州的三年间（1071～1073），由他主持的城市规划和建设，既重视城市的使用价值，更重视城市的审美价值，既重视城市的功能性，更重视城市的文化性，充分利用济南城市独有的山水资源，尤其是泉水资源，精心规划和建设济南的园林景观，用以彰显济南城市的个性特点。

大明湖南丰祠

曾巩离开齐州的次年，苏辙因歆羡济南山水而主动要求供职于济南。他在济南期间，曾吟诗谈及与同事们的风雅生活，说:"共事林泉郡,忘归南北人。"所谓"林泉郡",用今天的话说就是"园林城"。可见当时济南作为著名的园林之城的地位就得以确立。

8 "山东第一州"

金代,济南府下辖历城(府治)、章丘、长清、济阳等七县。商河县属棣州,平阴、东阿属东平府。金代在今山东地区设山东东路和山东西路,这是历史上首次以"山东"作为政区名称的开始。当时,济南府隶属于山东东路。山东东路首府为益都(青州),但是山东东西路提刑司以及后来添置的山东东西路宣抚使司都驻济南,可见济南地位的重要,故而时人说:"济南介山东两路之间,最为冲要。"

元代,山东地区属于"腹里",直属中书省管辖。济南设路,治历城,下辖11县,今济南地区大部属于济南路。平阴属于东平路,长清属于泰安州。元朝政府设置的山东东西道宣慰使司和山东东西道肃政廉访司,也都驻济南。元代济南的政治地位在继续上升,故而当时就有济南是"山东第一州"的说法。

金元时期,少数民族入主中原,经济凋敝,文化衰退。然而济南地区则是个例外。

金朝初年,金人扶植的刘豫伪齐政权从济南北郊向东借助济水下游故道,开挖了直通渤海莱州湾的小清河,济南成为重要的盐运集散地,城市经济持续繁荣,城市建设大力推进,乃至金元之际诗豪元好问有"济南楼观天下莫与为比"的评说。

元朝定都大都（今北京），开通了京杭大运河山东段，并与大小清河实现联运，进一步加强了济南水陆辐辏的交通枢纽地位，促进了济南经济尤其是工商业的发展，意大利旅行家马可·波罗在他的游记中曾有这样一段话描述他所见到的济南，说："第六天傍晚，抵达一个名叫济南府的城市。从前这里是一个宏伟的都市，大汉使用武力迫使它降服。这地方四周都是花园，围绕着美丽的丛林和丰茂的瓜果园，真是居住的胜地。这里丝的产量，多得出奇。在司法上，这个城市管辖着帝国的十一个城市和为数相当多的村镇。这些都是一些商业昌盛的地方，尤其是丝绸业……"

金元之际，济南诞生了两位英雄豪杰，他们是历城人张荣和长清人严实。张荣、严实趁天下大乱，分别占据章丘黉堂岭、长清青崖山，四下攻城略地，发展成为控制众多州县的军阀。后来他们先后投靠蒙古政权，成为坐镇一方的汉人世侯。在张荣祖孙统治济南、严实父子统治东平期间，济南一带社会秩序稳定，经济发达，文教事业欣欣向荣，以致几乎整个元代，济南都是中国北方令人瞩目的文化高地，为元代文化的发展作出了卓越的贡献。

9 省会的确立

明洪武元年（1368），置山东行省。九年（1376），改山东行省为山东承宣布政使司，主管全省民政。当年，布政司驻地由青州府迁至济南府，济南从此成为山东省省会，明初人危素在《济南府治记》一文中论及济南成为山东省省会的原因，说："济南之为郡，岱宗当其前，鹊华经其后，泉流奔涌，灌溉阡陌，民庶繁夥，舟车辐辏，实乃要会之地，故置行中书省，以尊藩服。"

明代济南府领 4 州 26 县，地域之广空前绝后，今济南绝大部分地区都属于济南府，仅平阴一带隶属于兖州府。清雍正年间区划调整，济南府辖历城、章丘、长清、济阳等 16 县。今平阴一带地属泰安府，商河则归武定府。

明英宗即位后，封其次子朱见潾为德王，初封德州，后改济南，遂于成化元年（1465）在元代济南公张荣府邸旧址上大兴土木，修建德王府，历时两年竣工。德王府亦称"德藩故宫"，位于济南城正中心，"居会城中，占三之一"，规模宏敞，泉林优美，宫室富丽，是明代济南城中规模最大、最为华美的建筑群。

明清济南城的规模和格局，在明太祖洪武四年（1371）就奠定了。这一年，济南城经历了大规模的建设。重建后的济南城，砖甃石砌，周围"十二里四十八丈"，"高三丈二尺"。城墙外有数丈宽的城隍，护城河"阔五丈深三尺"。原开四门：东曰齐川，西曰泺源，南曰舜田（后改历山），北曰汇波。其中北门为水门，每年季春开启、孟冬关闭，用以调节城内大明湖水位。

中国古城的传统建筑格局一般呈方形，四门两相对应，南北城门之间的道路形成中轴线。而济南城因地势复杂及防御需要，东门偏北、西门偏南、北门偏东、南门居中，即古谚所说的

明清济南古城一隅

"四门不对"。受地形、湖泉和沟渠等影响，城区也没有围绕中轴线作对称布局。大致来看，北部为大明湖风景区，中、东部为官署和商业区，南部为驻军区，西部为商业、手工业和水运码头区。

清咸丰十年（1860），捻军北上迫近济南，地方当局为加强防御，修建了周长 40 里的济南外城。同治年间，外城土圩改建为石圩，缺城北一面，共长 3670 丈，辟有岱安、永固、永靖、永绥、永镇、济安、海晏七门。

省会地位的确立，为济南文化的大发展大繁荣开辟了更加广阔的前景。

首先，作为全省首善之地，城市建设投入力度加大，山水园林风景型城市特色进一步凸显，"四面荷花三面柳，一城山色半城湖"，济南较之往昔更成为一处孕育诗人的"诗地"。

其次，水陆四通，舟车辐辏，簪缨相望，工贾毕集，济南得风气之先，大大加快了文化吸纳、消化、整合和创新的步伐，而文化的对外辐射与输出，范围之广、力度之大，亦非过去所能比。

再次，更多的全国一流的文人学者流寓济南，极大地提振了济南的学风文气。

最后，省会集中了全省最庞大的高端消费群体，极大地促动了济南工商业尤其是服务业的发展，从而提升了与之相关的各个门类的艺术和技艺。

因此，省会地位决定了明清时期的济南，无论是在学术、诗歌、戏曲、艺术诸领域，还是在商业、饮食、中医药等方面，都有了长足发展，建树非凡，成就卓著，在全省全国都有举足轻重的地位和影响。总之，明清济南文化的格局、气象、成就和影响，都是与其作为一个大省省会的地位极为相称的。

10 济南市的设立

清朝地方行政组织建置，省之下设道。道的行政长官称道员（俗称道台或观察），负责辅佐藩（布政使，主管一省民政、财政）、臬（按察使，主管一省司法刑狱）二司办理地方政务，是省与府、州之间的地方行政官员。山东省设三道，其中分守济东泰武临道驻济南。

1912年，中华民国初建，地方区划基本沿袭清朝旧制。直到1913年，废除府和州，将地方政区确定为省、道、县三级。山东省将原三道改划为岱北、岱南、济西、胶东四道，济南等各府遂撤销。岱北道治历城，辖历城、章丘、长清、济阳等 27 县，今济南绝大部分地区都隶属于岱北道（只有平阴县属济西道）。1914 年，岱北道改为济南道，治历城县，辖县不变。1925 年，山东省改划为 11 道，济南道仍治历城，辖历城、章丘、长清、济阳等 10 县，平阴、商河分别划归泰安道（治泰安）和武定道（治惠民）。

1904 年，济南自开通商口岸，即成立了济南商埠总局（局址在今经一路纬六路），主管济南商埠事宜。商埠总局下设三个机构：工程局、巡警局、发审局（后为地方审判庭），并任命济东泰武临道兼任监督。1920 年 1 月，商埠总局与市政公所（因修筑省城城关马路，1917 年 3 月设立）合并为山东省会市政厅。

1927 年，南京国民政府废除"道"的政区建置，实行省县两级政区制。几乎与此同时，开始将人口高度密集、工商业发达的大都市、省城和口岸城市辟建为"市"。这一新型的政区分为两等：特别市，直辖于中央，与省相当；普通市，由省统辖，与县相当。1929 年 5 月，济南惨案（五三惨案）发生已过一年，南京国民政府军队接防济南。7 月 1 日，以历城县城、城外商埠以及城厢四郊辟建为济南市，成立济南市政府。济南市直辖于省，属于普通市。

1948 年 9 月 24 日，中国人民解放军解放济南，定名为济南特别市。9 月 28 日，济南特别市市政府成立。1949 年 5 月，取消特别市称号，恢复济南市名称。

鸦片战争后，国门洞开，列强环伺，古老的中国面临着

"数千年未有之变局"。在此背景下，近代济南在中西文化的碰撞交融中开始了文化的自立与开新。第二次鸦片战争后，山东巡抚丁宝桢创办山东机器局及尚志书院，开始了中西文化尝试性的交流和融合，使济南早期现代化初显端倪。清末新政时期，山东巡抚袁世凯、周馥等着力推进，西学东渐蔚为大观，从而开启了济南城市早期现代化的闸门。济南自开商埠，胶济铁路、津浦铁路相继开通，进一步促进了济南工商业文明的快速增长，大大加快了济南现代化的进程。"五四"运动中，济南是发起时间最早、持续时间最长、参与阶层最广、斗争最为激烈的城市。经过"五四"·运动的洗礼，济南民众觉悟不断提高，在此后共产主义思想的传播和革命实践中，济南也走在全国的前列。济南是全国建立共产党组织较早的地区之一，是山东党组织的发祥地。济南战役胜利后，济南又成为全国解放战争的坚强基地。济南的成功接管与建设，是中国共产党首次执政大城市的范例，为共产党由农村走向城市、从革命党转变为执政党提供了实践和理论上的借鉴。

二　历史风云

1　舜耕历山

舜是东夷人，早年曾辗转迁徙于东夷各地，从事农工商渔各项生业，而历山则是他耕稼之地。舜耕稼的历山就是今济南古城南侧的千佛山。

舜耕历山的古史传说有两个主题，一是"克让"。《史记·五帝本纪》："舜耕历山，历山之人皆让畔。"意思是说，舜耕于历山，历山一带的农民因为受到舜的感化，变得宽恕仁厚，礼让成风，都把地界上的隙地或良田让给他人去耕种。一是"克孝"。《孟子·万章上》："舜往于田，号泣于旻天。"舜耕田于历山之下，常常仰对苍天而号哭涕泣，怨恨自己不得父母的欢心。

根据《孟子》和《史记》等早期典籍的记载，舜的母亲早逝，父亲瞽叟续弦，生有一子，就是象。瞽叟是个老糊涂，后娘为人凶狠，异母兄弟象又是个傲慢逞强之徒，三人串通起来迫害舜。他们设计让舜登高修缮仓廪，却在下面抽梯放火；又让舜去挖井，他们则在上面落井下石，总之是必欲杀之而后快。好在舜总能化险为夷。舜屡遭家人迫害，却不失孝悌之道，帝尧听说后，便选定他做接班人。

有关"焚廪"和"填井"的故事都发生在舜尚在"畎亩之中"，即耕稼历山之时。虽然不见得是信史，却透露出许多历史信息，折射出许多历史影像。至少可以说，济南是舜或者舜有虞氏集团的重要活动区域。

因为这个缘故，济南一带拥有发达的龙山文化，龙山文化遗址十分密集，济南城内舜井一旁就曾发现了龙山文化的遗存。因为这个缘故，济南及周边一带在上古时期分布着众多的舜有虞氏古国，如邹（今章丘东部及邹平境内）、辕（今齐河）、郑（今长清）、遂（今肥城、宁阳）、缗国（今金乡）等。

因为济南是舜的故土，济南舜文化的遗迹和景观从北魏郦道元《水经注》以来就历历可数：济南历山又名舜山，历山上有舜祠；历山下有舜井；舜井旁有历祠，北宋以后也叫舜祠；舜井泉水出为历水，历水北流而西折，与南来的以舜妻娥皇、女英名字命名的娥英水同入历水陂（今大明湖西南一隅）；历水与娥英水之间的"历汭"之地，便是济南古城历城之所在。

济南的山泉湖河城处处都与舜、舜文化有关，故而至迟从唐代开始，济南就有"舜城"的雅号。

大舜塑像

2 禹疏济漯

　　帝尧在位时，我国就进入了洪水期。舜接受帝尧的禅让，登基为帝之后，任命大禹主持治水工作。夹处在黄河与济水之间的兖州，由于地势最低，灾情最严重，故而是治水的重点区域。

　　那时的黄河在今天津附近入海。黄河流至今河南荥阳附近，分出一条济水，流到今浚县附近，又分出一条漯水。济水、漯水作为黄河下游的两条最重要的分支，都是经今济南地区而东流入海的。济水下游大致可以今济南历城为界，以西的黄河、以东的小清河便是它的故道，而漯水在济南一带的故道，大约以历城区北境为界，以东的漯水故道大致就是现在的黄河，以西的漯水故道早已湮灭，推测应该是从高唐、禹城方向迤逦而来。

为了缓解洪水对黄河下游河道的压力，大禹治理兖州水患的方略之一就是"瀹济、漯而注诸海"，也就是疏通济水、漯水河道，使洪水能顺利地排入大海。因为这个缘故，济南及周边地区遗留了不少"禹迹"，如济南的禹登山和禹登台、禹城的禹息城和具丘（相传禹治水筑此以望水势）等，都是大禹曾在济南一带治水的佐证。

济、漯是联系中原与山东半岛的两条黄金水道，济南地处济、漯之间，是济、漯中下游的重要枢纽，因为这个关系，济南在整个上古时代始终是民族文化交流融合的一个大舞台，为华夏民族的发展和文化的繁荣作出了重大贡献。

3 鞍之战

齐桓公死后不久，齐国霸业就终结了，历史进入了晋、楚交相争霸中原的时期。

齐顷公七年（前592），晋国准备在断道（今河南济源西南一带）会盟诸侯，共谋对抗楚国。为此，派遣大夫郤克出使齐国，邀请齐国与会。

郤克抵达齐国，恰逢鲁国使臣季孙行父、卫国使臣孙良夫、曹国使臣公子首也来出使齐国。四国使臣皆有残疾，郤克跛一足（瘸子），孙良夫眇一目（独眼瞎），季孙行父秃（秃子），公子首偻（曲背罗锅）。齐顷公为了羞辱对方，就在接见使臣的时候，安排自己的母亲以及嫔妃侍女登台观礼。然后，派一名跛者引领陪同跛者郤克，其他也是如此，秃子陪秃子，眇者陪眇者，罗锅陪罗锅，大家鱼贯而入。台上妇女看了这滑稽的场面，忍不住哄堂大笑。使者们受到戏弄，十分生气，郤克更是怒不可遏，发誓要报仇雪耻。

齐顷公十年（前589），齐背盟叛晋，再次侵犯晋国的盟友鲁国和卫国，鲁、卫向晋求救。此时，郤克已经成为晋国的中军主帅，并主持国政，故而经郤克的请求，晋景公遂决计兴兵会同鲁卫之师共同伐齐，鞌之战由是爆发。

晋国于本次战役共出动兵车800乘，由郤克将中军，士燮将上军，栾书将下军，韩厥为司马，共6万余人。晋军抵达卫国境内，会合卫、鲁两国军队之后，尾追齐军到达莘地（今山东莘县北）。

六月十六日，进抵靡笄山下（今济南槐荫峨眉山）。次日，双方列阵于鞌（今济南市区西北北马鞍山下），齐军主帅是齐顷公，为他驾车的是邴夏，为他保驾的是逢丑父。齐侯踌躇满志，登车向将士们说："余姑翦灭此而朝食。"要大家结束战斗后再吃早饭。于是，马未披甲，就击鼓驱车掩杀过去。

晋军中军主帅郤克被箭所伤，流血及屦，却仍然指挥旗车，擂鼓驱众奋击。齐军抵挡不住，阵脚大乱，只好向东面的华不注山（今济南古城东北郊）溃退。晋军穷追不舍，齐顷公绕山三周仍然不得脱身，危急之中，同车的逢丑父同齐顷公交换了一下位置，然后继续驱车疾驰，可是到了华泉附近，骖马竟被树木绊住，战车动弹不得。

晋军司马韩厥从后面追来，便将逢丑父当作齐顷公给俘获了，齐顷公则假装去华泉取水落荒而逃。

诸侯联军结束了济南一带的战事，乘胜东进，连续攻克齐都临淄以西的许多城邑关塞。在这种背景下，齐顷公只得派遣使臣以进献宝器和割让土地为条件乞和。晋国等诸侯同齐国缔约之后，各自班师回国。

齐晋鞍之战是先秦时代发生在济南地区的规模最大的一场战役，《春秋》三传记述这场战役的文字十分生动传神，极富传奇色彩，故而这次战役对后世济南的影响十分深远，乃至在历代文人雅士吟咏华不注的诗文中，凭吊古战场成为一个永恒的主题。

4 曹操平毁城阳景王祠

汉灵帝建宁三年（170）冬，济南民众起义，攻打东汉政权在济南的统治中心——东平陵城。中平元年（184）二月，张角黄巾大起义爆发。四月至六月，骑都尉曹操作为左中郎将皇甫嵩的麾下参与了镇压颍川黄巾军的战事。战事结束后，东汉政府派遣皇甫嵩领兵向东进击东郡黄巾军，同时又任命曹操出任济南相。朝廷任命曹操为济南相，应该是一种有战略意图的人事安排。

曹操走马上任伊始，一方面，大刀阔斧整顿吏治，一举罢免了八个贪赃枉法的县令，于是"政教大行，一郡清平"。另一方面，捣毁了六百余座城阳景王祠，于是"奸宄逃窜，郡界肃然"。

城阳景王刘章，是汉高祖刘邦之孙，因为平定外戚诸吕之乱有功，被封为城阳王，都城在莒，即今山东莒县。西汉元、成以后，早已死去的城阳景王刘章成为拥护汉朝反对外戚的精神象征。在新莽末年赤眉起义的过程中，城阳景王神祠又发挥过联络和组织的作用。东汉时期，城阳景王神崇拜更加盛行，祠庙林立，祭祀圈进一步扩大，"自琅琊、青州六郡及渤海都邑乡亭聚落，皆为立祠"，仅济南境内就有祠庙六百多座。

城阳景王神祠的迎神活动，与宋元以来的庙会赛社颇为类似。人们祭祀城阳景王的主要目的，基本不是出于安汉尊刘的政治信仰，而是出于祈福、禳灾、祛病的纯粹功利主义的目的。因此，祭祀城阳景王神以及迎神活动在东汉末年才能发展成为齐地中心区域的一种全民性的祭神娱神活动，神祠遍及城乡各地，庙会、赛会频繁举行，"纷籍连日"。迎神赛会的场面也十分壮观，城阳景王神出巡，扮演景王所属高官的人也乘坐宝马华车随行，仪仗整齐，鼓乐喧天；与此同时，烹羊杀牛，饮酒狂欢，并举行盛大的倡乐表演。至于祭神赛社一应费用，则由豪强富商轮流提供。

曹操之所以捣毁城阳景王祠，给出的理由是城阳景王祠的祭神迎神活动"奢侈日甚，民坐贫穷"，仿佛仅仅出于民生方面的考虑。而事实上主要还是出于政治目的，具体说是担心民众借祠祀活动聚众起事。

曹操担任济南国相不足一年，整顿吏治，禁断淫祠，大见成效。曹操在济南任上的所作所为为自己树立了名声，同时也触犯了济南当地豪强以及宫廷里当权的大宦官的利益，他担心将要招来灾祸，就急流勇退，上书称病，辞职返乡了。

5 朗公传法

朗公,即竺僧朗,俗姓李,冀州(今河北)人,他是西域龟兹高僧佛图澄的弟子。

前秦皇始元年(351),朗公从长安东赴齐鲁,依靠泰山著名修道者张忠(字巨和,自称"东岳道人"),在泰山北麓"峰岫高险、水石宏壮"的金舆谷(今历城柳埠)盖起了僧舍佛堂,后成为山东地区最大的佛教基地,人称朗公寺。

时当天下扰攘、兵连祸接的十六国时期,朗公在朗公寺的传法布道竟得到了各方面的支持,乃至出现"七帝争供一和尚"的现象。今可考者有六位帝王,即前秦主苻坚、东晋武帝司马曜、后燕成武帝慕容垂、北魏太祖拓跋珪、南燕主慕容德以及后秦主姚兴。这些帝王纷纷颁赐朗公黄金、缣绢、奴仆,其中,慕容德还封朗公为东齐王,并让他收取奉高(泰安)、山茌(长清)两县的赋税。朗公辞去了东齐王的封号,接受了两县赋税的征纳权,可见其势力之大。这些帝王供养朗公,或者是看重朗公的德行,或者是看重他的谋略和威望,或者是看重他的神通,但更主要的是为了拉拢山东地方势力。由于受到帝王们的尊崇和赞助,朗公寺发展很快,"上下诸院,十有余所;长廊延袤,千有余间",规模惊人,声威远振。朗公的同学即佛图澄门下的著名高僧道安与法和等,也都到金舆谷讲学,足见此寺当时已成为佛教的东方重镇。

到了隋朝,因为隋文帝的母亲吕氏是济南人,他因纪念亡母，遂于开皇二年（582）下令将朗公寺改名为"神通寺"，又邀请"泰山之阜"的高僧法瓒到京师，之后颁与其舍利，命他奉迎至济南建塔保存，这可能就是建成于大业年间的四门塔的来历。四门塔是中国现存最早的单层石塔建筑。

中古时期，济南的另一名刹是朗公寺西边不远的灵岩寺（地属济南长清区），号称唐代宇内四大名寺之首。灵岩寺的得名，据说因为朗公来灵岩寺附近说法，讲到精彩处，山石为之点头。灵岩寺院外有一山峰，上有大石酷似一位朝山的和尚，人们称之为"朗公石"。因此，人们推测灵岩寺初建时或许属于神通寺的下院。

6 长白举义

隋炀帝杨广即位之后，营建东都，开凿运河，修复长城，赋役之重已使民众不堪忍受。更何况他又好大喜功，穷兵黩武，三次远征高丽，皆无功而返，而山东尤其是济南一带由于地当水陆交通之要冲，是隋朝政府征发人力、物力的重要基地，所遭受的赋役剥削因而也更加繁重。在这一背景下，山东尤其是济南一带就成为隋末农民起义的首发之地和中心地区。

当时，济南农民起义的中心在今章丘与邹平、淄川交界的长白山。长白山连接三齐，山高谷深，盛产铁矿石，自古就是著名的矿冶基地，是破产农民、游侠、亡命之徒等不安定势力麇集之地，所以汉代主管济南郡治安的济南都尉并没有设在郡治东平陵城，而是设在长白山东麓的於陵（治在今邹平城南

21 公里临池乡古城村西南)。东魏初年，因为有人在长白山中秘密打造兵器，致使朝廷几度封山。可见济南长白山作为绿林好汉的"渊薮"，自古如此，并非始于隋朝。

大业七年（611），齐郡（今济南）人王薄聚众长白山，首先揭起了反抗隋朝暴政的大旗。王薄自称"知世郎"——知道世道趋向的郎君。他又派人四处传唱一首《无向辽东浪死歌》，歌词唱道：

> 长白山前知世郎，纯著红罗锦背裆。
>
> 长矟侵天半，轮刀耀日光。
>
> 上山吃獐鹿，下山吃牛羊。
>
> 忽闻官军至，提刀向前荡。
>
> 譬如辽东死，斩头何所伤！

歌中号召民众反徭役、反兵役，不要到辽东白白（浪）送死。于是，起义队伍迅速发展到数万人。王薄屡败官军后，转战北上，联合豆子坑（今山东滨州惠民）的"阿舅军"（另一支义军），合兵 10 余万。后因隋军分道合击，义军溃败，王薄率残部辗转于鲁中山区继续战斗。

王薄首义之后，济南一带的反隋烈火已成燎原之势。大业九年（613），齐郡人孟让在长白山起义，不久率众南下盱眙（今属江苏），并占据隋朝的梁宫，众至 10 余万人。同年，章丘人杜伏威、临济（今章丘西北）人辅公祏也聚众长白山，然后一路南下，发展成为江淮一带最有实力的一支义军。大业十年（614），齐郡人左孝友占据蹲狗山（今为济南某山，不详），拥众十万。次年，齐郡颜宣政也聚众起义。

济南义军在推翻隋朝暴政的斗争中作出了突出贡献，他们的丰功伟业永远彪炳史册。

7　刘豫开凿小清河

刘豫，字彦游，景州阜城（今属河北）人，早年曾居住济南，在他写于宋宣和四年（1122）的《题苏门山泉诗》中即有"我居东秦济水南，无限泉石日亲炙"的句子，并自称"济南刘豫"。南宋高宗建炎二年（1128）正月，刘豫被任命为济南知府。走马上任不久，金兵大举南下，攻打济南。在金人的利诱之下，刘豫杀害主战的守将关胜（善使大刀，号"大刀关胜"），准备开城投降，遭到满城百姓的反对，无奈之下他竟偷偷地缒城向金人纳款投降。

两年之后，即建炎四年（金太宗天会八年，1130）九月，在金朝的扶持下，刘豫在大名府登基就任"大齐皇帝"之位，改年号为阜昌元年。迨至阜昌八年被金废黜止，济南在刘豫伪齐政权统治下先后经历了七年多的时间。

济南是刘豫的发迹之地，更是伪齐政权重要的物资供应基地，故而受到刘豫的高度重视。

刘豫在济南最重要的施政措施是开凿小清河。

小清河一名是相对于清河而来的。清河古称济水，宋神宗熙宁年间黄河在河南澶州溃决，黄河水灌入清河，并在今济南历城东北部冲入漯水，顺漯水河道入海。从此，清河下游改道，自历城以东直到大海的原清河下游河道逐渐淤塞，这样一来，原清河入海口一带的海盐难以输入内陆，而济南北郊的积水又难以顺利排泄入海。

在此背景下，刘豫以济南泉水汇聚的北部湖泊为上源，在听水（在华不注山前）和原清河下游河道的基础上开挖了一条人工运河，即为小清河。小清河全长近500里，经章丘、邹平、长山（今属滨州邹平）、新城（今淄博桓台）、高苑（今属淄博高青）、博兴等地，在车马渎注入渤海。

小清河的通航使济南的交通枢纽地位更加突出，济南成为食盐和其他货物的重要集散地，大大促进了济南经济的繁荣和社会的发展。小清河的开通也使得济南北郊积水可以顺利排泄出去，如此，一方面基本解决了济南城市内涝的问题，另一方面又大大改变了济南北郊的生态环境，具体说，鹊山湖水位陡降，大片湖底裸露出来，变成了沼泽和湿地，慢慢地被开辟为稻田、藕池，甚至出现了小规模的渔村，元人赵孟頫《鹊华秋色图》所描绘的就是那时济南北郊的山水风貌。

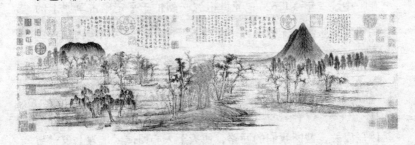

赵孟頫《鹊华秋色图》

8 李璮兵变

在金末农民起义与反金斗争中，山东地区形成三大地方势力，即占据山东西部地区以东平为核心的严实集团，占据山东中部地区以济南为核心的张荣集团，占据山东东南地区以益都为核心的李全集团。三大集团，各拥重兵，子弟为将，其控治的势力范围都在数百里之广，形成蒙元初年山东地区的三大汉人世侯，此时的山东政局便主要由这几大地方势力集团所左右。最终正是由于李全之子李璮的叛乱，才使元朝政府下决心收回汉族世侯手中的权力，从而结束了山东地区为时数十年的"藩镇割据"局面。

李璮，字松寿，为人工于心计，能征惯战。父亲李全死后，李璮承袭父爵，出任元朝的山东淮南楚州行省大都督，拥精兵六七万人，控制着山东东部以及苏北数十座城邑。李璮虽为元朝汉人世侯，却久有反元归宋之志，于是就与在元朝任平章政事（丞相）的岳父王文统互通声息，准备伺机起事。

中统三年（1262），元世祖忽必烈忙于平定蒙古草原上的阿里不哥叛乱，无暇南顾。李璮遂于当年二月尽杀境内蒙古戍兵，反元归宋，南宋封他为齐郡王。忽必烈闻讯，即刻杀害王文统，并问计于谋臣姚枢，姚枢认为李璮有三种战略可供选择："假设李璮乘我们北征之际，沿海岸线北上直取燕京，关闭居庸关，截断我们的回路，使天下人心惶惶，是为上策；与宋连和，负固持久，不断袭扰边境，使我们疲于奔命，是为中策；如出兵济南，等待山东诸侯响应和支援，他必被擒获，是为下策。"忽必烈追问"今贼将安出"，姚枢断然回答："出下策。"而事实上，李璮果然从益都（青州）引兵攻打济南，济南万户张宏守城之卒数不满千，只好携其祖父张荣弃城出奔。当月二十七日，李璮占领济南，然后加强济南城防，坐待北方世侯的响应，致使战机丧失殆尽。

四月，元朝诸路大军陆续开赴济南。五月，完成对济南城的长围久困之势。七月，济南城中粮尽，人相为食，士气低落，缒城投降者日甚一日。十三日，李璮作最后一次突围，失利后又退回城中。二十日晨，李璮亲手杀死爱妾，吩咐众人各自逃生，然后乘舟进入大明湖，欲投水自尽，因水浅未死，被元军捉获。

李璮被擒后，万户严忠范（严实之子）问他："你怎能做出这样的事来？"李璮回答："你们与我相约，却又不来！"不待说罢，严忠范就朝他的肋下捅了一刀。右丞相史天泽又问李璮："你为何不降？皇上有何亏待你的地方？"李璮答曰："你有文书约我起兵，何故又背叛我？"诸人要杀他灭口，遂匆匆将李璮处死于军前。

李璮之变虽然很快就失败了，但对于元朝的政治影响却殊为深远。从此以后，元朝在北方汉地罢世侯，置牧守，实行兵民分治，大大加快了对中原地区政治统治的集权化进程。

9 铁铉固守济南

洪武三十一年（1398），朱元璋去世，皇太孙朱允炆继承皇位，年号建文。建文帝即位后，采纳亲信齐泰、黄子澄等人的建议，开始削藩。建文元年（1399）七月，燕王朱棣以"清君侧"（清除君侧小人）为名，起兵北平（今北京），发动了要从其侄子手中夺取皇位的"靖难之役"。次年四月，白沟河（今河北南部）大战，明军大败，横尸百余里，统帅李景隆单骑走德州。五月，李景隆弃德州，逃往济南。燕军一路追击至济南城下，再败李景隆十万残兵，并包围济南城，李景隆又单骑逃走。

当时济南城中仅有都指挥盛庸所部，势单力薄。山东参政铁铉在外督运粮草，闻听济南危在旦夕，便急趋济南，与盛庸以及参军高巍相约死守济南城。

朱棣率领十万大军抵达济南郊外，构筑长围，全力攻城。铁铉等人则拼死抵抗，并在夜间派人焚毁燕军攻城的器具。朱棣见硬攻不成，就让人射书入城劝降，但铁铉始终不为所动。燕军围攻三个月，济南城依然固若金汤。在这种情况下，燕王听说明廷援军将至，只好撤军北返。建文帝以铁铉、盛庸守城有功，任命铁铉为山东布政使，加兵部尚书衔，以盛庸为平燕大将军，封历城侯。

关于铁铉固守济南，早在明代就演绎出许多传说。有一种十分流行的说法称，铁铉派人出城诈降，诱使燕王进城，由于城楼上埋伏的兵士操作失误，燕王尚未进入城门，城门上悬置的大铁闸便提前落下，燕王勒马掉头逃回营中，躲过一劫。还有一种说法称，燕军用火炮轰击城墙，城墙坍塌出许多缺口，铁铉让人在缺口处悬挂明太祖朱元璋的御像，燕军投鼠忌器，遂停止炮击，而守城军民便趁此机会将城墙修补牢固。燕王久经沙场，韬略过人，轻易不会上当中计，这些只是民间传说，不应视为信史。

建文四年（1402）正月，燕军南下，再入山东，因顾忌铁铉等人驻守济南，便绕道攻取南京。燕王在南京登基为帝，局势已定，铁铉被捕，惨遭杀害。后来，济南民众因同情铁铉守城尽职殉难，就在大明湖北岸建铁公祠以示纪念。

10　己卯之变

万历四十六年（1618）萨尔浒战役之后，清军逐渐取得了战略上的优势，不仅占领了东北地区的大片疆土，而且从崇祯二年（1629）开始，又不断突破明军长城防线，入关进行骚扰。

崇祯十一年（1638）九月，清军在多尔衮、岳托率领下，突破明军的墙子岭、青山口防线，毁关而入，大举南下，京师戒严。

清军分兵四路，一路攻掠沧州、霸州，一路进攻济南，一路进攻临清，一路进攻彰德、卫辉，接连攻克了许多城市。十二月，清军兵临济南城下。此时，由于山东巡抚颜继祖奉命将驻扎济南的主力部队全部调往德州防守，济南城内能作战的军队只有老弱乡兵500人和由莱州增援的700名士兵。在巡按御史宋学朱和山东布政使张秉文等人的率领下，城中守军与百姓戮力同心，严防死守济南城长达两个月之久。其间，宋学朱曾七次派人突围求援，但是当时的大学士杨嗣昌，仍然幻想与清兵议和，竟将求援书信私自扣留，不报与皇帝知道。手握重兵，驻扎在河南、河北一带的监军太监高起潜，也惧怕清军，不敢前来增援，致使济南城到了弹尽粮绝的地步。

十二年（1639）正月初二，清兵猛攻西北城墙，架云梯数百架登城，城陷，守城官兵士绅与清兵展开顽强的搏斗，直至慷慨殉难。清兵入城后，大肆烧杀劫掠，整座城池被焚掠一空，城内外"积尸十三万余"。然后将德王朱由枢及掳掠来的牲畜、财物、兵丁、妇女尽数带走，几十里络绎不绝。以上事变发生在己卯年，史称"己卯之变"。

己卯之变是济南城市发展史上的一次浩劫，给济南的城池、经济、文化等各方面都造成毁灭性的破坏。"雉堞倾残，城垛尽圮，楼橹半焚，重阘悉毁"，官署、学府、庙宇、园林、牌坊悉经兵焰，瓦砾遍地，残破不堪，文献典籍也多化作灰烬。总之，经此重创，济南元气大伤、繁华不再、衰败之象直到清朝定鼎中原数十年以后才逐渐有所改观。

11 黄崖山案

从清咸丰十一年开始，太谷学派第二代传人、江苏仪征人张积中（字石琴），在其表弟、为官山东的吴载勋等人的支持下，于黄崖山（今属济南长清孝里镇）筑寨聚众讲学，门徒多至数千家万余人。山寨有一套比较完整的管理机构和严格的规章制度，有自卫性的武装组织，所开设的商号店铺遍及省内多地，商业活动所得是山寨经费的主要来源。

张积中每月逢五逢十讲学，一般心口递受，不形诸文字，内容大致不出宋学的"圣功"和"王道"的范畴，同时又带有浓重的宗教色彩和民间结社性质，为此在清朝统治者眼中，张积中无疑是等同于"黄巾""白莲"的"妖人"。

同治五年九月，捻军逼近济南地区，山东巡抚阎敬铭生怕黄崖山寨借机起事，遂以张积中"平日言论奇衺，行踪诡秘，勾结匪党，叛逆显然"，"伪托宋学，潜为不轨，招纳亡命，谋非一日"等为罪状，于十月六日（11月1日）黎明前，督马步兵勇一万两千人血洗了黄崖山寨，张积中与他的两千多寨民全部殉难，史称"黄崖山案"。

张积中的黄崖山寨是一个由知识分子领导的，由各阶层人士参加的具有某种乌托邦性质的共同体，一个政教合一、士民合一的"桃源"式的自治社会。这样的组织对于清政府而言，并没有构成根本性的威胁。因此，黄崖山案实在是一大冤案，时人李佐贤（武定府利津人）撰有《焚桃源新乐府》一诗替张积中叫屈鸣冤道："民言入桃源，初意思避乱，谁知避乱反蒙乱，有何罪，不可逭。不争不都不抗违，竟从叛逆一例看。旁观侧目呼奇冤，千秋谁断此疑案。"

到了清末，小说家刘鹗作为太谷学派第三代传人，在写《老残游记》时，从第八回开始，硬是把老残抛到一边，用去

五个回目，写申子平奉兄长武城知县申东造之命，前往平阴县
桃花山访求江湖侠士刘仁甫的经历。这里的桃花山，其实就是
黄崖山。刘鹗是借助小说的形式，阐述太谷学派的一贯主张，
申明太谷学派一向反对乱臣贼子（小说中所谓的"北拳南
革"）的政治立场，为翻案做舆论的准备。

12 自开商埠

光绪三十年（1904）春，德国修建的胶济铁路将要竣工。
在这一背景下，如何阻止或迟滞德国势力借铁路之便向山东内
地大举渗透，以保障我国的主权和利权不至于进一步丧失，便
成为山东地方当局面临的重大问题。三月十六日（5月1日），
在胶济铁路通车前一个月，北洋大臣兼直隶总督袁世凯和山东
巡抚周馥联名上奏，请求在济南自开商埠，"以扩利源"。半
个月后，正式得到清廷的批准。经过一年多的筹划建设，光绪
三十一年十二月十六日（1906年1月10日），济南商埠正式
举行开埠典礼。典礼由新任山东巡抚杨士骧主持，中外来宾
200多人与会。

济南商埠，全称"华洋公共通商之埠"。它东起十王殿
（故址在今经一路纬一路附近），西至北大槐树，南沿长清大
道（今经七路），北以铁路为限，南北二里，东西不足五里，
总面积约有4000余亩。商埠区是按照现代城区的设计理念规
划和建设的，区内道路采用棋盘状布局，经纬路垂直相交，形
成大小不等的矩形街坊。交通、通讯、供水、排污、绿化等各

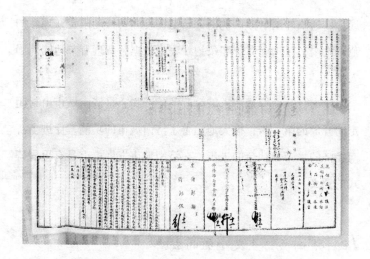

**袁世凯、周馥关于济南开埠的奏折和外务部
关于济南三地自开商埠的批复**

项基础设施一应俱全。衙署、领事馆、贸易市场、菜市场、堆
货处、卫生院、酒店、宾馆、戏院、花园、公园、厕所等，都
分区设置，井然有序。城区的房屋建筑、卫生管理、交通规
则、防灾减灾措施等也都有明确的规定。总之是颇具现代化的
商业区。

商埠的一切管理机构和官员俱由中国设置和安排，商埠区
内邮政、电报、电话、电气灯、自来水等涉及国家主权和城区
安全的要害部门也俱由中国人承建和管理，严禁外国人染指。
济南商埠处处体现出鲜明的主权意识，与帝国主义国家通过不
平等条约而胁迫中国开设的口岸和商埠有着本质的不同。济南
商埠处处体现着主权意识，却没有狭隘的民族主义情绪。济南
商埠的策划者和经营者都是具有国际眼光的人，他们明了世界

局势，通晓外国事务。他们自始至终将一切行动限定在理性的范围之内，以国际惯例和条约章程为依据，有理有节地同外国人竞争。

济南自开商埠是清末新政改革的产物，是济南城市由封闭走向开放的第一步，极大地完善了济南城市的功能，促进了济南经济的繁荣和社会的进步，在济南城市发展史上具有里程碑式的意义。

13 济南共产主义小组的成立

1919 年五四运动前后，马克思主义在济南得到迅速传播，学习、研究和宣传马克思主义以及其他进步思想的团体不断涌现。1920 年夏秋之际，济南第一师范学校学生王尽美（山东诸城人）和济南第一中学学生邓恩铭（贵州荔波人）结识了一批向往共产主义的青年学生，秘密成立了"康米尼斯特学会"，也就是共产主义学会。他们以王乐平创办的齐鲁书社（在大布政司街 20 号）为基地，大量搜集共产主义书籍，研究和宣传共产主义理论。

1921 年春，在上海、北京共产党组织的影响和帮助下，王尽美、邓恩铭成立了济南共产党组织，成员有王象午、王翔千、王复元、王用章、贾乃甫等。济南共产党组织成立后，一方面组织进步青年学习马克思主义，一方面深入到工人中开展宣传工作。王尽美、邓恩铭等先后来到津浦铁路济南机厂，用通俗易懂的语言宣讲马克思主义，并开办了工人俱乐部、工人夜校等,组织工人学习革命理论。他们还在《大东日报》副刊上创办《济南劳动周刊》,大量报道各地工人及各界群众开展革命斗争的情况,积极进行反帝反封建的宣传,在济南、淄博等地工人中产生了广泛影响。

当年 7 月 1 日,中国共产党第一次全国代表大会在上海召开,王尽美、邓恩铭作为济南共产主义小组推选的代表出席了会议。会后,王尽美对未来更加充满信心,他情不自禁地提笔作诗云:"贫富阶级见疆场,尽善尽美唯解放。"并将自己的名字"瑞俊"改为"尽美"。

同年秋,王、邓从上海归来后,在济南组织成立了马克思主义学说研究会。研究会组织会员深入学习《共产党宣言》《马克思主义浅说》等著作,提高了马克思主义理论水平,扩大了马克思主义在工人群众中的影响。

1922 年,王尽美、邓恩铭等又参加了在莫斯科召开的远东各国共产党和民族革命团体第一次代表大会和中共第二次全国代表大会。1922 年 5 月,中共济南独立组建立,王尽美任组长。同年 7 月,又在此基础上成立了中共济南地方支部,王尽美任支部书记。

王尽美与邓恩铭是济南共产党组织的创建者,他们二人所代表的济南共产党组织为中国共产党的创建作出了重大贡献。1961 年,董必武回忆这段历史时,曾挥笔作诗《忆王尽美同志》,诗曰:"四十年前会上逢,南湖泛舟语从容。济南名士知多少,君与恩铭不老松。"

五龙潭公园王尽美、邓恩铭塑像

14 济南五三惨案

1928 年 4 月，南京国民政府开始第二次北伐。当月 21 日，日本军国主义者借保护侨民之名，派遣驻天津的三个步兵中队抵达济南。25 日至 27 日，日军又连续在青岛登陆，沿胶济铁路运兵到济南，至 28 日，驻济日军已达 3000 多人。日军以纬四路为中心线，将济南商埠划为东西两个"警备区"，构筑工事，架设路障，实施戒严。

4 月 30 日，奉系军阀张宗昌撤离济南。5 月 1 日，国民党北伐军进入济南，方振武被任命为济南卫戍司令。5 月 2 日上午，第一军第二十三团阮济民营长等数人徒手经过纬五路时，被日军堵截并当场惨遭杀害。5月3日上午，日军闯入山东交涉使署，将山东特派交涉员蔡公时等18名中国外交人员捆绑毒打。蔡公时据理痛斥日军暴行，日军竟残忍地割掉他的耳鼻舌，剜去眼睛，然后将他并众人一起杀害。当日，日军还在商埠区到处制造事端，残杀中国军民多达千人。

5月4日，北伐军全部撤出商埠区，而日军竟得寸进尺，继续扩大事态，不断增兵济南，多达数万人。5月8日，日军在炮火掩护下，向普利门、麟祥门、柴家巷、迎仙桥一带发起猖狂进攻，我守军由外城退守内城。继而日军又大举进攻内城，我守军浴血奋战，死伤惨重，不得不于11日奉命撤出济南。日军进入内城后，抢劫财物，焚毁建筑，奸污妇女，枪杀战俘，屠戮百姓（据济南惨案被难家属联合会1929年调查，被日军屠杀者6123人，受伤者1701人），桩桩罪行，令人发指，罄竹难书。

济南五三惨案是20世纪日本军国主义实施对华武装侵略的第一步，其目的是阻止国民党北伐，阻止中国统一。日军在制造惨案之后，继续占领济南和胶济铁路沿线，直到1929年"济南协定"签订以后，日军才开始从济南和胶济铁路撤离。

15 济南解放战役

1948年下半年，解放战争进入第三个年头，敌我双方力量对比发生根本变化，中共中央军委审时度势，指出中国人民解放军同国民党军队进行战略决战的时机已经到来，要求华东野战军在 1948 年八九月间攻克济南，然后全力南下，争取当年冬或翌年春夺取徐州。

济南是国民党在山东腹地残存的唯一的大城市，有王耀武统辖的 11 万国民党守军驻守，并在日伪原有工事的基础上，修筑了以内城为核心、以外城和商埠为基础的防御地带，构成总面积 600 余平方公里的永备性和半永备性防御体系，山东省政府主席兼"第二绥靖区"司令官王耀武曾信心十足地扬言："济南外围能守半个月，市区至少能守一个月。"

1948 年 8 月 12 日，中央军委复电，同意华东野战军攻城打援方案。经过一个多月的战前训练和准备，9 月 16 日午夜 12 时，济南战役攻城东西线兵团同时向国民党守军外围阵地发起总攻。西线我军迅速扫清长清守敌，逼近济南西郊飞机场。王耀武急令总预备队到西线增援。17 日晨，东线我军一举攻克茂岭山、砚池山等据点，王耀武又急调总预备队增援东线守敌。18 日，东线我军攻占甸柳庄等地，逼近外城，而西线我军也已攻占了西郊机场，切断了济南守敌与外界的空中运输线。19 日，敌西线守备区总指挥兼九十六军军长吴化文率所部三个旅两万人起义，撤离战场。21 日，西线我军攻占商埠区。23 日，占领外城。当日晚 7 时，我军向内城发起全线总攻击。24 日凌晨，我军首先突破内城东南角（今解放阁所在位置），稍后又突破了西南角坤顺门北侧城墙。下午，我军占领省政府。晚 9 时，全歼守敌，济南宣告解放。王耀武潜逃途中，在寿光被捉。

济南战役历时八天，歼敌 11 万人，不仅解放了古城济南，更使我华东、华北两大解放区连成一片，为尔后三大战役的胜利创造了条件。新华社特地发表了《庆祝济南解放的伟大胜利》的文章，盛赞"这个伟大的胜利，不但使国民党反动派及其美国主人目瞪口呆，甚至全国人民也因为它的意外的迅速而惊异。济南的解放，对于整个战局的重大意义是很明显的"。

解放阁

三　名士风采

1　"济南名士多"

　　唐玄宗天宝四年（745）夏，年轻诗人杜甫来齐州（济南）游历，恰逢誉满天下的文苑前辈名宿北海太守李邕也在齐州。于是，作为杜甫幼时好友也是李邕族孙的齐州司马李之芳设宴于齐州城西古大名湖畔的历下亭，宴请李、杜二人，并由济南名士作陪。良辰美景，云山助兴，玉佩当歌，杜甫把酒赋诗《陪李北海宴历下亭》，诗云："东藩驻皂盖，北渚凌清河。海右此亭古，济南名士多。云山已发兴，玉佩仍当歌。修竹不受暑，交流空涌波。蕴真惬所欲，落日将如何？贵贱俱物役，从公难重过！"

　　诗中叙述历下亭所在的优美环境和宾朋雅会的盛况，抒发对李邕的敬仰之情，并咏叹人世飘萍的无奈和盛会难再的感伤。这是诗圣一生留给济南的仅存的三篇华美乐章中的一篇，弥足珍贵，而其中"海右此亭古，济南名士多"一联，凝聚了诗人对济南人文景观的无限倾慕之情，千百年来，脍炙人口，传诵不绝。尤其是"济南名士多"一句，则是诗圣对济南名士辈出文化现象的高度概括，当然，从此后一千多年的历史发展来看，又不啻是一个十分正确的预言。

"名士"一词最初见于《礼记·月令》："勉诸侯，聘名士，礼贤者。"东汉郑玄注云："名士，不仕者。"唐孔颖达疏云："名士者，谓其德行贞纯，道术通明，王者不得臣，而隐居不在位者也。"可见在战国秦汉时期，名士是用来指称那些德才兼备而隐居不仕的学者文人。汉末，"名士"概念的外延有所扩大，那时，不必高蹈不仕，举凡以儒学为业，德行才能为世人所知者皆可称作"名士"。魏晋时期，名士又有风流之称，需要具备高超的清谈能力、清朗的风姿神韵、放达的个性气质和卓绝的文学才华，从类型上大致可以分为清谈型名士、任达型名士、事功型名士、儒学型名士、文艺型名士以及高僧、隐士等。

那么，我们看杜甫诗中所说的济南名士究竟属于哪一类型呢？在"济南名士多"一句之下，杜甫原有自注云："时邑人蹇处士辈在坐。"似乎是专指蹇处士之类的"处士"，也就是隐士了。然而事实上，却是应该包括一切有名的文人在内的。

众所周知，历下古亭最初见于北魏郦道元《水经注》，是迎使送客的"客亭"，文人雅会的胜地。诗中，杜甫以"名士"对"古亭"，由眼前的"古亭"而思接千载，兴发"落日将如何""从公难重过"的慨叹，可知他所谓"名士"肯定不局限于在座的名士，而应包括往昔的名士在内。

　　杜甫晚年在《八哀诗·赠秘书监江夏李公邕》中，曾回忆几十年前的这次齐州盛会，其中有诗句云："论文到崔苏，指尽流水逝。"诗中之"崔"，是指初唐著名诗人崔融。崔融，济南人，"为文典丽，当时罕有其比"，与杜甫的祖父杜审言以及苏味道、李峤并称"文章四友"。史载，杜审言非常敬重崔融的道德、文章，而且也曾得到过崔融的提携和奖引。崔融死后，杜审言为之守丧，可见二人相交之深、情谊之笃。天宝四年杜甫游历齐州的时候，崔融去世已近40年了。杜甫在历下亭与李邕等人把酒论文，崔融当然是一个重要的话题。

　　由此更可以证明，杜甫所谓"济南名士"，从类别上讲，不专指"处士"；从时间上讲，不专指在世的名士。总之是泛指济南古今一切有名的文人学者。

今大明湖历下亭

2 从伏生到周永年

中国的思想文化中心，春秋时代在鲁国，鲁国诞生了孔子和儒家学派以及墨家学派；战国时代在齐国，齐国的稷下学宫是战国诸子百家争鸣的主要基地和平台。济南在地理上介乎齐鲁之间，济南的文化正是沐浴着齐风鲁雨发展起来的，因此之故，从汉初的伏生到清代的周永年，济南历史上涌现了不胜枚举的经师儒士，他们在经学、哲学、史学、文献学等学术和文化领域都有卓绝的贡献。

伏生，名胜，是孔子的弟子宓子贱的裔孙，是阴阳五行学派大师邹衍（邹衍墓在济南章丘，很可能也是济南人）的后学，所以他在学术归属上，虽是儒家，却又带有鲜明的阴阳五行家色彩。秦始皇焚书坑儒，作为秦朝博士官的伏生为了救斯文于不坠，冒着生命危险秘密将一部《尚书》藏匿起来。汉初，恢复了儒家及儒学经典的合法地位，伏生取出珍藏多年的《尚书》，开始教授于齐鲁之间。汉文帝在位时，派太常掌故晁错去济南向伏生

伏生像

学习《尚书》。那个时候，伏生已是耄耋之年，年老口齿不清，又不会说正言（官话、普通话），只好由女儿羲娥在一旁代为翻译解说。就这样，伏生一边口授，羲娥一边转述，晁错一边笔录，终于将《尚书》记录下来，这就是用汉代通用文字隶书书写的今文《尚书》。

伏生藏经传经，开创两汉经学，被誉为"千万世经师之首"。两千多年来，"济南伏生"也成为推动济南文教和学术事业发展的强大精神动力，诚如古人所言："济南并东海为郡，有崇山巨浸，其人敦厚阔达而多大节。自伏生以经术开教，俗尚文儒，盖自古称之矣。"

因为有伏生开创了济南经学的传统，所以两汉魏晋时期，济南名士大多为经师儒士。伏生的弟子张生和伏生的后学林尊，后来都被朝廷征为博士，是汉代今文《尚书》的重要传人。徐巡、吴进、孙邕、宋钧、刘逵等人，在经学上也都各有建树。还有一些济南名士虽非以经学名家，原来也是习儒学经出身，如汉武帝时的终军，博学多才，举为博士弟子，是很受武帝赏识和信赖的青年政治家。与终军同时的济南人公玊带，则是一位方士化了的儒生，汉武帝东巡，在泰山脚下建立的从事政教活动的明堂，其图纸方案就是公玊带设计、提供的。

东晋南北朝时期，整个中国北方长期处在少数民族政权的统治之下，来自房、崔等文化士族的济南名士，坚持习礼诵经，努力保存和传承华夏儒家文化。就以济南房氏家族来说，仅载见于《北史·房法寿传》的儒学名士，就有房景伯、房景先、房景远、房熊、房豹、房彦询、房彦诩、房彦谦等，他们都是博通五经、雅有词辩、风概高人的名士。房彦谦之子，就是唐朝开国元勋、千古名相房玄龄。房玄龄"贯综坟籍，善属文，书兼草隶"，原来也是儒学辞章出身，是当之无愧的一流名士。

也正是从东晋南北朝开始，济南成为中国北方佛教的重镇，到了唐代，有高僧义净，齐州山茌（今济南长清东部）人，继玄奘之后，取经印度，往返历时22年，先后翻译佛经107部428卷，著有《大唐西域求法高僧传》和《南海寄归内法传》等。唐代赴印度求法的济南名僧还有道希、师鞭。以魏晋名士的标准衡量，义净等僧人理应纳入济南名士闪光的行列。

北宋前期，以齐州（济南）为中心的泰山南北区域，是京东地区学术教育活动的重心，以石介为首的泰山学派对济南的文教事业有重大而深远的影响；金末元初，济南长清人严实父子统治东平，广泛招纳儒士，扩建东平府学，使东平成为当时中国北方著名的学术文化中心，这也极大地促进了济南文教事业的发展。因此，宋金元时期的济南，经师儒士层出不穷，如历城人田诰，笃学好文，志在经世，著有《禹元经》三卷，被清代大诗人、济南人王士禛誉为"吾乡高逸第一流"；张揆、张掞兄弟，俱为进士及第，仕至龙图阁直学士，在政坛、学界都有极高的名望。李格非，字文叔，致力于经史，著有《礼记精义》十六卷、《史传辨志》五卷以及《李格非集》四十五卷等。范拱，北宋末年进士，工诗文，精易学，仕至金朝太常卿。平阴的王去非、王去执兄弟，以道德学问驰名于世，是金代享有盛名的理学家。潘昂霄，撰有《河源志》《金石例》以及诗文集《苍崖类稿》《苍崖漫稿》等书，是元代著名的地理学家和金石学家。张起岩，济南历史上第一位状元，曾在元朝史馆任总裁官，参与编纂《辽史》《宋史》《金史》，是著名的历史学家。

明清时代，济南作为省会，兴学重教之风长盛不衰——"章缝家多教其子弟以继书香，即农夫胥役亦知延师。学馆如云，名社相望。昔所谓齐鲁文学皆天性，倘历（历城）得之者多与"。发达的文教事业是造就明清两代济南名士辈出局面的重要背景和条件。

如历城人殷峻，出身于礼经世家，终生以研治和传授礼经为业，"一时言礼者奉为山东大师"。殷峻之孙殷士儋，字正甫，号棠川，幼承家学，以治《礼经》中进士，仕至大学士，为明代名臣。殷士儋的弟子于慎行，东阿（今济南平阴东阿镇）人，"学有原委，贯穿百家"，集经学、史学、文学于一身，他编纂的《兖州府志》，为古代方志之翘楚。在明代，济南有名的史家还有明末历城人刘敕和叶承宗，分别著有《历乘》和《历城县志》。

到了清代，济南学术界和思想界诞生了三位重量级的文化名人，他们是张尔岐、周永年、马国翰。

张尔岐，字稷若，号蒿庵，济阳人，生当明清之际，历经艰难，备罹荼毒，仍能于蓬蒿败屋之间，以弘扬"正学"为己任，沉潜于经史，终以治"三礼"而卓然成家，著有《仪礼郑注句读》，顾炎武评价说："独精三礼，卓然经师，吾不如张稷若。"张尔岐的其他代表作还有《周易说略》《老子说略》《济阳县志》《蒿庵集》《蒿庵闲话》等，于朴学（汉学）

和理学（宋学）皆有卓越的贡献，被誉为山东省继东汉郑玄和北宋孙复、石介之后的一代大儒。

马国翰，历城人，道光十二年进士，是著名的辑佚学家，有《玉函山房辑佚书》传世。

至于周永年，他在中国文化史上的地位和贡献更加突出，是堪比伏生的一位文化人物。

周永年，字书昌，历城人，乾隆三十六年进士。他是著名的藏书家，人称其藏书"甲于山左"；他也是一流的学者，在经学、史学、校勘学、目录学和图书馆事业等方面都取得了卓越的成就。他与李文藻等人合著的《历城县志》，是"纂辑体"方志的典范。他参与《四库全书》的编纂，从《永乐大典》中辑出十多部宋元遗籍。四部提要中的子部提

周永年画像

要由周永年主笔，《清史稿》评谓："四部兵农天算术数诸家，钩稽精义，褒讥悉当，为同馆所推重。"周永年力倡"儒藏说"，主张分门别类收藏儒家典籍，无偿供人借阅。与此同时，他还身体力行，与好友桂馥等人合作，在济南城西的五龙潭畔创建了中国历史上第一个公共图书馆——藉书园，园中设台供奉济南先贤、汉代经学大师伏生的牌位。

3 诗人与诗城

元代徽州诗人方回说："若夫锦川绣江之间，嘉山秀而清泉洁，美木茂而芳草馨，济南故多名士，当能与四方之士大夫登堂而赋之。"明代济南诗人边贡说："吾济富山水，人称名士乡。"古人把济南多名士归因于山清水秀的自然环境，是有道理的。因为湖山泉林能够满足名士的审美体验和隐逸情结，有助于养成风雅的情调和浪漫的生活方式，尤其是对于山水诗人和山水画家来说，更能提供取之不尽的创作素材和灵感来源。"济南山水甲齐鲁，泉甲天下"，得天独厚的风烟胜景决定了济南自古就是一座风流辈出的诗城，诚如已故著名学者徐北文先生在《济南竹枝词》中所吟咏的那样："才华横溢泉三股，字吐珠玑水一泓。多少诗人生历下，泉城自古是诗城。"

有史可考的济南最早的诗人，是三千年前的谭国大夫，他所作的《大东》至今仍保存在《诗经》中。《大东》巧于兴象和对比，以抒发怨愤之情，想象力之丰富，表现手法之谲诡奇幻，堪称《诗经》中的标新领异之作。

西晋末年济南郡治西迁历城之后，随着济南城（历城）的扩建，山水园林风貌和格局初步形成，济南名士文化也打上了泉水园林文化的烙印。据《酉阳杂俎》记载，博陵君房豹在济南北郊房家园曾举办过一场月夜雅会，为次日返回邺都的齐州参军尹孝逸饯行。会上，众人诗酒唱和，尹孝逸有诗云："风沦历城水，月倚华山树。"这是现存最早的吟咏济南风情的诗句。由此可以推测，当时济南名园雅会的诗赋作品可能相当可观，只是散佚失传了而已。

唐朝前期，济南诞生了崔融、员半千等著名的诗人、文人。崔融，为初唐"文章四友"之一，已见前述。员半千恃才傲物，以"五百年一贤"自期，他曾在给唐高宗的《陈情表》中自荐说："若使臣七步成文，一定无改，臣不愧子建；若使臣飞书走檄，授笔立成，臣不愧枚皋。"而诗仙李白、诗圣杜甫游历济南湖山，并留下千古传颂的华美诗篇，更为济南这座名士之城增添了一笔永恒的文化遗产。

北宋前期，济南诗人以范讽最为知名。《宋史》称，"（范）讽类旷达，然揙阖图进，不守名检，所与游者辄慕其所为，时号'东州逸党'"。以范讽为魁首的东州逸党，主要活动于真宗和仁宗年间，是北宋开风气之先的一个文学团体和流派，其重要成员还有历城人李冠、李芝。李冠有《东皋集》二十卷传世，李芝被时人誉为"齐鲁之奇才"。

到了北宋后期，济南文苑名流的代表性人物是李格非、李清照父女。

李格非，"以文章受知于苏轼"，是苏轼门下的"后四学士"之一。《文献通考》评价说："李格非诗文四十五卷，文高雅，条畅有义，味在晁（晁补之）秦（秦观）之上，诗稍不逮。"

李清照，自号易安居士。她在宋代词坛上的崇高地位和重大贡献尽人皆知。她既有儒风，又有侠气，更有强烈的魏晋名士情结。她仰慕魏晋名士清高孤傲、放浪诗酒的风范，追求魏晋名士崇尚自然与自由的隐逸情怀。

李清照塑像

李清照后半生是在南方度过的。生于北方而播迁南方的济南诗人，还有南宋初年宰相吕颐浩，《全宋诗》收录其诗 84 首，更有与李清照合称济南"二安"的伟大词人辛弃疾。

辛弃疾，字幼安，是豪放词派的代表人物，是典型的"风流儒将真名士"。其词作大量引用《世说新语》的典故，足以体现其浓郁的魏晋名士情结。他崇尚的魏晋名士，是王导之类的事功型名士。

南渡的济南名士，还有学者和文人吕同老、周孚以及迁居江南已历数代而对故乡依然一往情深的周密。

元代，济南的著名诗人和文学家，有长清的杜仁杰、章丘的刘敏中、历城的张养浩。杜仁杰，字仲梁，号止轩，工诗文，著名文学家王恽在《挽杜止轩》中评价说："一代人文杜止轩，海翻鲸掣见诗仙。细吟风雅三千首，独擅才名四十年。"可见他在当时中国文坛上的地位是极高的。刘敏中，字端甫，号中庵，有《中庵集》二十五卷传世。《元史》本传称其"为文辞，理备辞明"。在词的创作方面也取得了很高的成就，《全金元词》收录其词作 140 余首。张养浩，字希孟，号云庄，早年曾做过东平学正，后来累官至礼部尚书。至治元年（1321）弃官回到济南构筑云庄别墅，寄情山水，放浪诗酒。朝廷先后七次征聘，都被他拒绝。天历二年（1329），关中大旱，张养浩毅然受命出任陕西行台中丞，赶赴陕西救灾，赴任仅四个月，就劳累而死。张养浩是集圣贤气象和名士风流于一身的一流名士。他在文学上的不朽贡献主要体现在散曲写作，至于诗赋散文，也卓然可传。

明代济南诗坛文坛更加繁荣。晚明济南府新城县（今桓台）诗人王象春在《竹枝词》中说："我朝风雅盛于七子，而七子则本李、何、边、徐四家也。济上之诗，以边庭实先生为鼻祖，其后李于鳞、许殿卿、谷少岱、刘函山，不可胜数。济南名士多，从昔然矣。"稍后的历城诗人叶承宗在《历城县志》中说："国朝称四家，必推历下；称七子，必先济南——

诗名大锡邑哉。吾邑诗派，创于廷实，而盛于于鳞。二公学宗西汉，诗法盛唐，文字之宗，以此为正。后来人结辞盟，家藏诗帙，虽复浅近，亦各名家。"

历城诗派，也称济南诗派，开创者为边贡。边贡，字廷实，号华泉，弘治九年进士，官至南京工部尚书。其为诗清婉和粹，尤擅长五言，为明代文坛"前七子"之一。继边贡之后，济南诗派的领袖是李攀龙。李攀龙，字于鳞，号沧溟，嘉靖二十三年（1544）进士，官至河南按察使，为明代文坛"后七子"领袖，"操海内文章之柄垂二十年"。一生创作了1400余首诗歌，各体兼备，以近体尤其是七律成就最高，堪称明人冠冕。

明代济南诗派主要活动在正德、嘉靖两朝约60年的时间里，以边、李为领袖分为前后两期。前期骨干主要有刘天民、边习、谷继宗等人，后期骨干主要有殷士儋、许邦才、潘子雨等。

刘天民，字希尹，号函山，正德九年（1514）进士，累迁河南、四川按察副使，晚年致仕返乡，日集宾友，啸傲山水间。工诗，其诗平缓冲淡，古雅秀逸。

边习，字仲学，号南洲，边贡的次子，有《睡足轩诗》一卷存世，共48首，精于五言，诗风萧疏简远，明秀雅素。

谷继宗，嘉靖五年（1526）进士。诗人，亦能填词，与李开先相善。诗集毁于己卯之变。

殷士儋，字正甫，号棠川。有遗集《金舆山房稿》十四卷。其诗格调高远，风神英迈，雅丽沉雄。

许邦才，字殿卿，嘉靖二十二年（1543）乡试解元，工诗,有《梁园集》四卷、《瞻泰楼集》十六卷。诗风大抵舒缓有致,声调幽远,不亢不厉,典雅温厚。

潘子雨,字润夫。为诗能自尽其才。王世贞为此评论说:"历下诗人,各骋于康庄之途,而无返辙。"

到了清代,济南名士仍以诗人居多。《清史稿·文苑传》称"国初诗人,山左为盛"。即以邓之诚《清诗纪事初编》所列山东诗人来看,49人中,济南府就占了20人。按清初济南府共辖4州26县,辖地比今天济南辖区大数倍,以今济南辖区而论,虽然邓氏所列山左诗人只有王苹为历城人,然而王士禛、田雯、蒲松龄等,或者长期居住济南,或者常来济南,他们的很多作品也是在济南完成的,以济南诗人视之并不为过。

比如,作为清代诗坛领袖、神韵派大师的济南府新城县(今桓台)人王士禛,早年曾寓居济南,以创作《秋柳》组诗而声名鹊起。后来仕宦显达,多次返回济南,对故乡有着深情厚谊。他对清代济南诗坛有着重大而深远的影响。因此,清代济南虽然没有诞生明朝边、李那样具有全国影响的诗人,但是比较知名的诗人却不胜枚举,除了曾受到王士禛、田雯(德州人)赏识和照拂的王苹,还有朱绅、朱怀朴、朱令昭、朱曾传、刘伍宽、任弘远、朱照、尹廷兰、朱暟、翟凝、李廷芳等。以上提到的几位朱姓诗人,皆来自同一家族,是典型的诗人世家。

到了嘉庆道光年间,济南诗人又成立大明湖鸥社。鸥社持续了30余年,先后参与的诗人有范垌、周乐、何林泉、谢焜、徐子威、郑云龙、李侗、张文简、乔岳、李醉琴、王德容、马国翰、朱诵泗、李纬、彭以竺等,他们都是济南人,确切说都是历城人，他们的诗歌创作，远绍盛唐诗圣杜甫，近承明代先贤边、李。不过，这已是济南诗派的流风余韵了。

4 "曲山艺海"话名士

《隋书·地理志》记载："齐郡旧曰济南，其俗好教饰子女淫哇之音，能使骨腾肉飞，倾诡人目。俗云'齐倡'，本出此也。"齐倡，用今天的话说，就是济南歌伎。所谓"淫哇之音"，是封建统治者对于民间流行歌曲的贬称，但是从另一个角度看，却足以说明歌舞艺术在当时的济南是相当普及的，水平也是极高的。

济南一带世俗乐舞之发达，是有文化传统的。章丘女郎山战国一号大墓出土的彩绘乐舞陶俑，以及无影山汉初墓地出土的乐舞陶俑，都充分表明早在战国秦汉之际，济南俗乐就出现了繁荣的景象。至于百戏中的乐舞表演或器乐伴奏的场面，在济南汉画像石中也是屡见不鲜的。

北宋时期，济南都市经济发达，市民社会壮大，文化教育昌盛，山水风光更加旖旎多姿。在这一背景下，济南的演艺事业更加繁荣。读《水浒传》，我们都知道汴京有个叫李师师的歌女，色艺双绝，十分受宋徽宗的宠爱。我们也应知道，比李师师稍早一些时候，济南也有一位当红的歌女，名叫李苏苏，齐州知州祖无择都要大捧其场，赠诗与她，诗曰："歌妙累累若贯珠，历城惟只数苏苏。何当更唱阳春曲，为尔今宵倒玉壶。"

北宋和金朝的首都都在汴京，汴京距离济南不远，且水陆交通十分便捷，因此之故，北宋和金朝灭亡之后，有大量的官府歌伎和民间艺人流落到社会秩序相对稳定的济南一带。金朝灭亡的次年，元好问来到济南，他在《济南行记》中说，济南"乐府皆京国之旧"。这就为原本已是演艺胜地的济南注入了更大的演艺活力。

元代是中国戏剧和散曲的黄金时代，济南是杂剧、散曲创作的重镇，上面提到的杜仁杰和张养浩都是元代顶尖级的散曲大家。

杜仁杰的散曲，今存带过曲一首，套数三曲，残套两曲。杜氏散曲〔般涉调·耍孩儿〕《庄家不识勾栏》，不仅是杜仁杰"谐谑"风格最典型的反映，也是元散曲滑稽一派的开山之作，对后世散曲的发展影响很大。

将元代散曲推向巅峰的散曲大家是张养浩。张养浩是现今所知元代散曲家中作品数量较多的作家之一，其《云庄休居自适小乐府》收录了 161 首小令和两首套数，无论思想性，还是艺术性，都达到了极高的水平。比如，人们耳熟能详的〔中吕·山坡羊〕《潼关怀古》，是他晚年去陕西赈灾途中所写的一篇散曲，全文是："峰峦如聚，波涛如怒，山河表里潼关路。望西都，意踌躇，伤心秦汉经行处，宫阙万间都做了土。兴，百姓苦；亡，百姓苦。"全篇写得悲壮沉郁，情深而理远，表现了对人民命运的关注和同情，成为中国文学史上的不朽之作。

元代济南的剧作家，有武汉臣、岳伯川以及棣州（时属济南路）的康进之和长期侨居济南的滕州人李洞。

元末明初贾仲明《录鬼簿续编》赞武汉臣云："先生清秀

济南人，风调才情武汉臣。登坛拜将穷韩信，老生儿关目真，新传奇十段皆闻。听泉水、看暮云，如此黄昏。"可见他是济南的一位风流雅士、书会艺人。所谓"新传奇十段"，即指《录鬼簿》著录武汉臣创作的十出杂剧，现仅存《散家财天赐老生儿》《包待制智赚生金阁》两种。武汉臣在中国戏剧史以及世界戏剧史上，都是有一席之地的。

岳伯川也是元前期作家，贾仲明称赞其"言词俊，曲调美"。今知其杂剧有两种，其中《罗公远梦断杨贵妃》仅存残曲，《吕洞宾度铁拐李》尚存。

除此之外，元代著名剧作家关汉卿的《杜蕊娘智赏金钱池》、王实甫的《四丞相高会丽春堂》，都是以济南为背景的杂剧，由此推断，二人可能曾在济南从事过戏剧实践活动。

明代，济南的曲剧名家辈出，尤以"嘉靖八才子"之一的李开先最为著名。

李开先，字伯华，号中麓，章丘人，官至太常寺少卿。壮年归田，修建"藏书万卷楼"，藏书之富，甲于齐鲁，所藏以词曲话本居多，故有"词山曲海"之誉。辑有《市井艳词》，著有戏曲理论著作《词谑》、散曲《中麓小令》以及传奇剧《宝剑记》等。

因李开先的倡导和主持，章丘词曲创作和演出活动十分繁盛，词曲作家人才济济，如袁公冕、袁崇冕、乔龙溪、谢九客、高应玘、张国筹等皆为章丘人。此外，历城散曲家刘天民、谷继宗也同李开先过从甚密，还有一位历城人胡春，则是著名器乐演奏家，曾在李开先家庭戏班中担任伴奏。总之，明代中后期的章丘是中国北方词曲创作的一个中心，诚如著名散曲作家、临朐人冯惟敏所言："今之词手，章丘人擅长矣。余于此盖难乎为词哉。"

明末清初的山东曲坛上，历城人叶承宗成就较高。叶承宗，字奕绳，号泝湄啸史。少工诗文词，兼善戏曲，有文集《泝函》，创作杂剧十一种（今只存四种，即《孔方兄》《贾阆仙》《十三娘》《狗咬吕洞宾》）、传奇两种（《百花洲》《芙蓉剑》），另有散曲《泝函乐府》一卷，存套数五篇。

济南历城人华广生，字春田，清乾嘉年间人。他穷数十年之力，编辑民歌集《白雪遗音》。华广生在题记中说："曲谱四本，乃多方搜罗，旷日持久，积少成多，费尽心力而后成者。"《白雪遗音》一共四卷，所收各类民歌近八百首。郑振铎先生在《中国俗文学史》中写道：华广生"是住在济南的，故所收的俗曲以山东（济南）为中心，也兼及南北诸调"。又评价该书说："几乎是取之尽珠玑。实是民间多方趣味的集成，也便是未失了真正民间作品的面目。"

总之，济南自古就是中国北方的一个重要的演艺中心，是戏曲、说唱、杂技和舞蹈艺术的摇篮，故而一向有"曲山艺海""书山曲海"的美誉。

四　地方文化

1　与泉水有关的习俗

用水习俗

济南素有"家家泉水，户户垂杨""济南泉水甲天下"之称。济南的泉，固然有声名远播的大泉，但更多的则是不事张扬的小泉。它们多数置身于寻常巷陌甚至普通民宅中，平时泉水取之不尽，即使旱天枯水季节，院子里挖个坑也能涌出清冽的泉水来，取用非常方便。同时，济南泉水水质好，是理想的饮用水，这为济南人提供了十分理想的生活水源。

过去一般的居民，院子里或屋前屋后就有清泉，可以就地取水，既方便又省钱。

离泉水较远或富裕一些的人家，不愿自己挑水吃，便买水吃，这样便催生了一个挑水拉水的行当，干这一行的人称作"水夫"。

家家泉水

水夫为用户供水，距离近的就用肩挑——一根槐木担杖，一对木桶。从泉池里盛满水，挑到用户家中，倒进水缸里，以担计价。一般是一个铜钱一担水。改用纸币后，一分钱一担。距离远些的，就用车拉水——在泉边用水桶打上泉水，倒进车上的大桶内，装满后拉到用户门前，再拨开大桶上的木塞，让水流进小桶内，送进用户家中。

水夫使用的车子，在20世纪30年代以前为木制独轮车，车子两边各放一个带箍的木桶，人在后面推着走。30年代以后，改为两个轮子的地排车，车上放一个圆柱形大木桶，木桶的上下方各有一个圆形开口，用来装水和出水。到了40年代，车上的木桶换成了铁桶。

水夫送水，多有固定的主顾。有时也在街上叫喊几声，这一是为卖掉剩水，二是为寻找新的主顾。

如果街巷里有好的泉水，前来拉水的人就多，路面上常被水溅得湿漉漉的，人们便称之为"水胡同"。至今济南还有一条以"水胡同"命名的街道，就是因当年胡同里有个"华家井泉"，水质很好，前来取水的人络绎不绝。1965 年附近的居民用上了自来水，前来取水的人少了，泉池也被填埋了。

如今，虽然家家户户都有了自来水，但是一些济南人还是喜欢饮用泉水。在黑虎泉、五龙潭、迎仙泉等泉池，每天都有许多市民，拿着各种塑料桶，大老远地赶来。他们在泉池装满水后，再用自行车驮着赶回家。他们说用泉水泡茶、煮饭，味道就是不一样。

除直接饮用外，泉水也为济南人的日常生活提供了很大方便。

因为泉水恒温，住在泉边的人常收冬暖夏凉之利。炎夏时，人们常把西瓜等新鲜瓜果放在泉水中浸着，吃时从泉水中捞出来，便成为"冰镇"瓜果……

从前住在黑虎泉南岸的人家，有的以生豆芽为生。他们将生豆芽用的几个大缸在护城河边一溜儿排开，倒入泉水，放上豆子，算好时间，一缸豆芽不几天就生成了。因为泉水恒温，富含矿物质，生出来的豆芽白嫩甜脆，味道鲜美，他处的豆芽无法与之相比。所以，城内的居民都愿到这里来买豆芽。

护城河岸边，过去有的人家世代以养鱼为生。他们用泉水养的红鲤等名贵的观赏鱼，长得又漂亮又活泼。这是因为泉中水草丛生，含氧量高，泉水又含有鱼类所需的矿物质，很适宜这些观赏鱼生长，这也是其他地方的清水无法与之相比的。

住在王府池子附近的居民，以前家家都喜欢养花种草。用泉水浇灌的花草，长得格外壮硕、美丽。每天一早起来，人们先直奔泉边，用泉水洗脸、刷牙，又把泉水提回家做饭。女人们洗衣时，便三三两两地来到泉边，找块青石板一坐，边说笑，边洗衣。用泉水洗衣，不用肥皂等洗涤剂，只需把在泉水中搓洗的衣服放在石板上反复捶打，就能洗得干净。用泉水洗的衣服一般不退色，晒干后还能闻到清香的泉水味道。

饮茶习俗

好茶需要好水。济南的泉水，水质佳绝，清冽甘美。用以泡茶，味醇色鲜，清香无比。北宋著名文学家曾巩曾用"滋荣冬菇温常早，润泽春茶味更真"的诗句，来形容济南泉水特别适合泡茶。因此自古以来，饮茶便成为济南人日常生活中的一项重要内容。与此相适应，过去在济南的大街小巷、泉边湖畔等地方，分布着许多茶馆。

济南的茶馆，大体可分为两类。一类是面向平民百姓的茶馆，另一类是面向文人雅士等有点身份的人的茶馆。

为平民开设的茶馆也叫"茶炉"，一般只卖开水，不卖茶。这些茶馆多设在临街的简易屋子里，条件比较简陋。屋内的主要设施是靠墙垒砌的一个长方形大炉台，俗称"老虎灶"。炉台的一边放一个鼓风的风箱，一人推拉着拉杆不断向炉膛里吹风；炉台上有十来个灶眼，每个灶眼上放一把盛满水的铁壶，炉膛里的火通过每个灶眼将铁壶里的水烧开。来了买水的，烧水人便从炉台上提一把烧开了水的铁壶，将开水倒进买主的暖水瓶中。买水人留下一分钱或一个竹牌（预先交钱买好的水牌），便将开水提回家，泡茶或直接饮用，既节省又方便。

开茶炉本小利薄，收入较低。干这活需起早贪黑，终日烟熏火燎的，既忙碌，又辛苦。为了增加点收入，开茶炉的有时也兼做卖凉水的生意——从外边挑来泉水，给用户送到家中，以此挣点小钱补贴家用。或者夏天备些粗茶，在门前放个小矮桌，摆上大碗茶，供过路人解渴。

供文人雅士等人光顾的茶馆多设在泉边湖畔等名胜之地，如趵突泉、马跑泉、黑虎泉、五龙潭、舜井、大明湖附近，过去都设有比较讲究的茶馆，较有名的如趵突泉边的漱玉亭（后改名为来鹤亭、望鹤亭，现名蓬莱茶社）、黑虎泉边老残去过的茶馆、大明湖南的曲水亭茶社（也叫赵家茶馆）等。还有一些边喝茶边看戏的茶园，如富贵茶园、风裕茶园、风顺茶园等。

这类茶馆周围环境优美，陈设比较讲究，所用茶具多为小紫砂壶、白瓷壶等，自然茶叶也比较高档。客人来到这里，或品茗聊天，或谈诗论文，或赏泉观景，或下棋娱乐，其喝茶的意义不只是解渴，更是一种文化交流和高雅的享受。刘鹗在《老残游记》中，曾写到黑虎泉边茶馆的情景：

　　再过去，有一个大池，池南几间草房，走到面前，知是一个茶馆。进了茶馆，靠北窗坐下，就有一个茶房泡了一壶茶来，茶壶都是宜兴壶的样子，却是本地仿照烧的。

深谙济南掌故的著名学者严薇青先生在《济南掌故》一书中，也谈到当年曲水亭茶社饮茶的情景：

　　（曲水）亭内有茶社，可供人品茗息足；还备有围棋，给围棋爱好者提供了"手谈"的方便，因此后来就在这里组成了"济南围棋社"，培养出了不少棋手。解放后，济南民主人士王湘岑、老中医师吴志萱都是其中比较有名的高手……后来，"亭"主人改在水上搭起一座木制敞厅，四面开窗，亭下流水，除供游人品茶外，仍旧备有围棋棋枰，以满足围棋社的棋友们在这里下棋的要求。

过去济南还有一个比较特殊的茶俗——"吃讲茶"。旧社会老百姓之间发生纠纷，双方各执一词，又不愿打官司，便相约去茶馆，请个双方公认的仲裁人，说理调解，俗称"吃讲茶"。双方当事人和仲裁人进茶馆前，茶桌上已摆好两把壶嘴相对的茶壶。他们落座后，"茶博士"（茶馆主事人）为每位"茶客"泡上一碗茶，给仲裁人另沏一壶上等好茶。当茶博士冲第二碗水时，仲裁人把手中茶壶在桌上重重一放，全场肃静，调解正式开始。双方各自陈述理由，"茶客"们进行分析、评理、调解，最后由仲裁人做出结论，提出解决意见。当双方讲和、起身握手时，茶博士会不失时机地把双方用过的茶壶壶嘴相交，表示纠纷得到圆满解决；仲裁人则把两壶茶同时倒入一个碗里，让双方一饮而尽。然后，由理亏的一方支付茶资，"吃讲茶"结束。这种茶俗，又把喝茶的意义推进了一步——为民化解矛盾，排忧解难。

济南柳俗

济南泉水多，"水皮子浅"，很适合柳树生长，自古以来，济南就有种柳的习俗。而柳树得地利之先，生长得也特别茂盛，这便形成了与"家家泉水"并肩比美的"户户垂杨"的景观。

在济南市区，柳树的分布非常广泛。泉边湖畔，河岸溪旁，大街小巷，居民庭院，到处都可以看到婀娜多姿的垂柳。尤其碧波荡漾的大明湖上，绿柳垂丝，岸柳如烟，更是美丽动人……清末民初，从济南泺口到市中心的大道两旁，曾经遍植垂柳。这些垂柳生长得高大繁茂，郁郁葱葱，把省城装点得如诗如画。因为这是清末山东巡抚张曜在修筑黄河大堤时命人种植的，所以人们把它称做"张公柳"。

垂柳为济南增光添彩，济南人也把赏柳视为美事。过去每到清明节，城里的人便来到郊外踏青赏柳。无边的柳色，让人心旷神怡，满目清新；也使诗人清兴满怀，诗兴大发，写出许多咏柳佳句。清代济南诗人朱缃在《清明日东城踏青》一诗中写道："轻黄柳线落雏燕，浅碧草痕浅乳鸡。石影玲珑山寺小，烟光蒙密市楼低。踏青更向前村去，十树梨花开未齐。"诗人用燕子呢喃、浅草铺地、梨花如雪、鸡雏觅食来烘托金黄的柳色，如锦似绣，美不胜收。明代诗人晏璧在《柳絮泉》一诗中写道："金线池边杨柳青，泉分石窦晓泠泠。东风三月飘香絮，一夜随波化绿萍。"晏璧所见的柳色，青翠如染，香絮飘飞，加上东风送暖，清泉伴奏，更显得浓郁奔放，活泼灵动。

清代诗人刘伍宽的《明湖柳色》一诗，写得更为传神："鹊桥两岸近清明，点逗春光翠叶生。古寺楼台时隐见，画船箫鼓半阴晴。平铺鸭绿和烟重，淡染鹅黄著雨轻。莫向人间缩离别，一枝留取待新莺。"诗中展示的是清明时节，湖岸桥边，杨柳的翠叶点染着明湖春光。在柳丝飘拂中，岸边的楼台时隐时现，水中的游船若明若暗。片片柳色如浓绿的烟雾，鹅黄色的柳丝在细雨中轻摇……把大明湖的柳色写得极为清新别致。

除赏柳外，济南人还有戴柳、插柳之俗。过去清明这天早晨，一些妇女、儿童会把柳枝编成圆圈戴在头上，或将嫩柳枝直接插在头上。这既是美的点缀，又是祈求平安吉祥。民间传说戴柳能除瘟辟邪，故有"清明不戴柳，红颜成白首""戴个花活百八，插根柳活百九"等谚语流传。还有一种说法，戴柳是为了纪念春秋时期晋国大臣介子推。传说当年晋文公和群臣徒步登绵山祭拜介子推时，发现当年介子推遇难已被烧毁的那棵老柳树居然死而复生。晋文公当即将老柳树赐名为"清明柳"，并且当场折下几枝柳条戴在头上，以示对介子推的纪念，群臣也纷纷效仿。后来相沿成习，清明戴柳便成为纪念介子推的象征。

此外，过去清明节这天，济南家家户户都把柳枝插于门上，以驱鬼邪。据说此俗源自纪念"教民稼穑"的神农氏，而更普遍的说法则是柳有解毒避邪的功能。

在日常生活中，柳与济南人的关系也非常密切。

在济南民间，过去有食柳的习俗。每到早春时节，人们将嫩黄的柳芽或未放的柳絮采下来，用开水焯过后，再捞出来，在凉水中浸一个时辰，去掉苦味，放上盐、香油、醋等调味品，拌成凉菜，下酒或下饭都别有风味。据说柳能去火，春天食柳有益肝之效。

柳可食，也可用。济南的许多用具，都是柳木做的。如用柳木做的木桶、木盆、木碗等，用柳条编的篮子、筐子、笊篱、筐箩、簸箕、柳条箱等，既方便实用，又卫生环保，深受人们喜爱。

柳木在济南民间还有个特殊用途，那就是做建房的基桩。济南的老城区和湖区地下水位高，过去盖新房不能像旱地上那样直接用石头打地基，必须先在四角和承重的地方打下鲜柳木桩。木桩上压上大石块，石块上再放支撑房架的柱子。用打木桩的方法建房，不破坏地下的泉脉，建成的房屋不但坚牢，躺在床上还能听到地下泉水潺潺流动的声音。这一明显的济南特色，在别的地方很少见到。

除了以上诸多好处，柳树还是很好的绿化树。由于它能遮阴，不生虫，能美化环境，所以过去济南人建房造屋，都爱傍近柳树。"山色四围明月里，人家半住柳阴中"，就是济南民居的真实写照。

至于那些达官贵人，文人墨客，居室也多与柳为伴。宋代著名女词人李清照曾写道"垂杨庭院，暖风帘幕，有个人憔悴"，清代诗人田雯也说"跳波溅客衣，演漾回塘路。清照昔年人，门外垂杨树"，都说明李清照的故居是在"垂杨（即柳）深处"。明代济南诗人边贡，晚年从南京户部尚书任上罢职归家，在华山下定居。他在《卜山居成有作》一诗中曾这样写他居住的环境："久定华山约,今来始卜居。梦游曾屡到,心赏复何如?圃巷环高柳,渊泉抱古墟。从兹簪与绂,当有绝交书。"从诗中可以看出,边贡当时就居住在高柳环绕、清泉拥抱的深院之中。在这种优美的环境中生活,不再跟那些高高在上的高官显宦来往,他感到非常满足。

2 美食与特产

济南名菜

作为一座有着两千多年历史的文化名城,济南地处南北要冲,交通发达,物产丰富,经济繁荣,人文荟萃。这些,都为独具特色的济南菜的形成和发展提供了良好的条件。

济南菜是鲁菜的重要组成部分,向以清香、鲜嫩、味纯著称,俗称"一菜一味,百菜不重"。尤其在选料、烹制上,它巧妙地用高汤进行调制,形成济南菜的一大特色。再加上制作精细,烹调讲究火候,对菜肴的色香味要求严格,所以历来济南菜都很受欢迎,其品种也多达千种以上。其中最知名者,当数济南烤鸭、糖醋鲤鱼、九转大肠、宫保鸡丁等名菜。

烤鸭是济南菜中的一道"重量级"大菜。旧时济南的"三大件酒席"上,烤鸭为"三大件"之一。至今,在酒宴上它也颇受欢迎。

济南烤鸭历史悠久。远在明末清初,它就已成为济南的风味名菜。清中叶时,济南城里就有了专门经营烤鸭的店铺。清道光年间的德和楼烤鸭店和光绪年间的文和楼、东兴楼烤鸭店制作的烤鸭最为著名。民国时期，济南的许多大饭馆都能自制烤鸭。20世纪40年代后，济南聚丰德的烤鸭更是闻名遐迩。驰名中外的北京烤鸭，就源于济南。

济南烤鸭跟北京烤鸭虽然同出一祖，但二者在烤制方法上略有差异。济南烤鸭用的是"焖炉"，用高粱秸作燃料；而北京烤鸭改用"挂炉"，燃以果木。济南烤鸭所用原料为体态丰满、肉质细嫩、皮下脂肪较厚的填鸭。烤鸭的制作工艺十分复杂而又考究。初加工后的鸭胚需经过打气、掏膛、洗膛、挂钩、烫皮、挂糖、晒皮、灌水、烤制等多道工序，历时一到三天（随季节不同而异）方可烤制而成。成品烤鸭色泽红亮，皮脆肉嫩。吃时片成薄片，佐以大葱、黄瓜条、甜面酱，再配上荷叶饼（鸭饼），其味之美，难以言喻。

糖醋鲤鱼也是济南的传统名菜。它最早始于黄河重镇——泺口镇。这里的厨师喜用活鲤鱼制作此菜，并在附近有了名气，后来便传到济南市里。过去坐落在济南西门外江家池畔的汇泉楼饭庄，制作的糖醋鲤鱼最为有名。

糖醋鲤鱼所选用的鲤鱼，为产自济南近郊黄河中的黄河鲤鱼。此鱼头尾金黄，色泽艳丽，体态匀称，鲜嫩肥美，为鲤鱼中之珍品。《济南府志》上就记载说："黄河之鲤，南阳之蟹，且入食谱。"

糖醋鲤鱼的制作方法是：将初加工好的鲤鱼两面打上百叶花刀，稍加盐腌渍，再挂上湿淀粉糊，入油炸至金黄色并呈弓形，然后捞出摆在盘中，浇上用白糖、醋、酱油、清汤、葱末、姜末、蒜末、湿淀粉、花生油炒制而成的糖醋汁，使其形

糖醋鲤鱼

似"鲤鱼跳龙门"。这道色、香、味、形俱全的名菜,食之香酥酸甜,妙不可言。吃完鱼肉后,还可将鱼头及余汁做成"砸鱼汤"。此汤香气扑鼻,酸、甜、香、咸、辣五味俱全,清口润肠,鲜美异常。因此,凡品尝过这道名菜的人,都对它大加赞美。

九转大肠是清光绪年间济南九华楼饭庄创制的一道名菜,20世纪50年代曾收入《中国名菜谱》。作为鲁菜中"红烧菜"的代表菜品之一,九转大肠一直广受赞誉。而此菜的命名,也颇有点传奇色彩。

据说,九华楼饭庄当初由杜姓富商经营。此人在济南开设的店铺有九处之多,每处店铺的名号开头都冠以"九"字,九华楼饭庄即其中之一。该饭庄经营的菜肴,以猪下货见长。有一次店主宴客,以"烧大肠"一菜上席,颇受食客好评。当客人知道了此菜为杜老板首创，且尚未命名时，一客人即席赠名曰"九转大肠"。其意有二：一是迎合主人的喜"九"之癖；二是赞誉厨师的烹饪技艺高超，犹如道家烧炼"九转金丹"。

九转大肠之美，主要来自烹饪之精。烹制此菜，厨师要下料狠，用料全，出勺入勺，下锅收焙，反复多次，直到烧煨至透熟。调料除葱、姜、蒜、糖、酱、盐、油、酒外，还有砂仁、肉桂、豆蔻等名贵中药。经过精烧之后，大肠红润光亮，肥而不腻。上面再撒上香菜段，清香扑鼻，味厚而回味无穷。

宫保鸡丁即炒鸡丁，也是济南名菜之一。因此菜为清代曾任山东巡抚的丁宝桢所喜爱，丁府宴客常用"炒鸡丁"一菜；丁宝桢的官衔是"太子太保"，人称"丁宫保"，所以此菜便叫"宫保鸡丁"。

宫保鸡丁以爆炒神速而脆嫩著称。据说制作此菜的诀窍有三：油多，火旺，鸡丁外裹一层淀粉。因为鸡丁外裹一层淀粉后，加旺火油炒，则能快熟而肉嫩。此菜色泽洁白，亮油抱汁，清、鲜、嫩、爽，味美可口。

丁宝桢调任四川总督后，又将这道菜带到四川，并根据当地特点加以改进，使宫保鸡丁又成为川菜中的一道名菜。

莲荷美食

济南近郊，尤其是大明湖中，自古盛产荷花。这些荷花不但美丽多姿，跟柳树构成"四面荷花三面柳，一城山色半城湖"的重要景观，而且浑身是宝，可以做成多种美食，因而深为济南人所喜爱。

济南菜中有一道叫"炸荷花"的名菜，在菜品中颇有些

大明湖荷花

名气。它的做法是：将刚摘下的鲜嫩莲花瓣洗净，里面抹一层豆沙馅，然后对折起来，再蘸上鸡蛋面糊，一片片放进烧至七成热的油中，炸至浅黄色后，捞出来放在盘内，撒上白糖即成。"炸荷花"吃起来外酥内软，甜美中带有清淡的荷香，食之回味无穷。此菜为济南独有，曾在济南生活过的老舍先生还将其写入《吃莲花的》一文，并将它称作"济南的典故"。

跟花相比，荷叶也毫不逊色。它质绵软而味清香，更适合做菜，济南菜中有多种名菜都是用它做的。如久享盛名的"荷叶肉"，是将切好的猪肉拌上酱油等作料，连同炒米一起，用鲜嫩的荷叶包起来，一张荷叶包一块猪肉和适量的炒米。再将包好的米肉摊在碗里，放进蒸笼，蒸熟后即成。吃时肉跟荷叶一起吃，既有猪肉的肥美，又有荷叶的清香，那滋味妙不可言。用同样的方法，还可以做成"荷叶鸡""荷叶鱼"等名菜。至于用鲜荷叶盖在江米上煮成的"荷叶粥"，颜色淡绿，甜美清香，是济南老少皆喜欢的夏令美食。

莲藕也是济南肴馔中不可或缺的佳品。大明湖所产的白莲藕，雪白爽脆，味道清甜，食后无渣，可当水果生食，故又名"果藕"；也可做成水晶藕、姜拌藕、炸藕盒等传统名菜。北魏贾思勰在《齐民要术》中，还介绍了一种古代济南的吃藕方法——蒸藕法：将洗净的藕去节，在藕空中灌满蜂蜜，再用面糊将口封住，放入笼中，蒸熟后即可切片食用，夏天凉吃，冬天热吃。也可在一个盘中冷热分列。这道菜吃起来香甜可口，制作又简单，因而久传不衰。

还有那"久锁深闺"的莲子，一向默默无闻。可是一旦成为美食，它却风光无限。将它剥而生食，香甜可口，齿颊留香，最受孩子们喜爱；晒干入菜，可制成冰糖莲子、拔丝莲子等名菜，为宴席上之精品；用它做的银耳莲子粥、桂圆莲子粥、红枣莲子粥等名粥，营养丰富，味道鲜美，既是宴上名馔，又是普通人强身健体的滋补佳品。

在古代济南的文人雅士中，还流行一种十分有趣的饮酒方式——"碧筒饮"。据唐代人段成式的《酉阳杂俎》记载：过去每当济南北郊莲子湖的荷花盛开之时，一些文人雅士便来到湖边游览。他们把湖中的大荷叶割下来，盛上美酒，再用簪子将莲叶的中心刺开，使之与空心的莲茎相通。众人轮流从荷茎末端吸酒喝，那滋味清香可口，妙不可言，谓之"酒味杂莲气，香冷胜于水"。这种饮酒方法，一直被传为佳话，宋代大诗人苏轼也曾效法，并作诗赞曰："碧碗既作象鼻弯，白酒犹带荷心苦。"对其大加赞美……

济南的莲荷美食，品种多，用途也广。在下，它可以安居百姓餐桌，成为大众的节日肴馔和平常饭菜；在上，它可走进高级宾馆，成为豪华盛宴上的"明珠"，甚至走上国宴，为国增光。1972年，柬埔寨国家元首西哈努克亲王在徐向前元帅的陪同下，专程到济南参观访问，济南市政当局在荷花盛开的大明湖边摆下9桌"荷花宴"欢迎贵宾。宴席上的菜肴，除大明湖所产的鱼虾外，主要是莲荷烹制的冰糖莲子、水晶藕、炸荷花、荷香鱼、荷香鸡、荷香糕等著名菜点。西哈努克一行一边观看着湖中美景，欣赏着盛开的艳荷，一边品尝着风味独特的莲荷美食，感到非常高兴，对济南的"荷花宴"大加称赞。

美味蒲菜

蒲菜为香蒲科水生草本植物，又名香蒲、甘蒲、蒲笋、蒲芽、蒲白、蒲儿根、蒲儿菜等，"老济南"则称它为蒲草，在我国已有三千多年的栽培历史。我国最早的诗歌总集《诗经》上，就有不少关于蒲菜的记载，如"彼泽之陂，有蒲与荷"（《陈风·泽陂》），"其蔌维何，维笋及蒲"（《大雅·韩奕》）……这都说明在古代人们就将竹笋和蒲菜视作上好的蔬菜了。北魏时山东寿光籍的农学家贾思勰在《齐民要术》上说："蒲根菜，《周礼》以为菹，谓蒲始生，取其中心入地者蒻，大如匕柄，正白，生啖之，甘脆。"他认为蒲菜生熟食之皆美。明人王世懋在《瓜蔬疏》中也说："蒲笋、芦笋皆佳味，而蒲笋尤佳。"对蒲笋之美作了充分肯定。

济南有水面广阔的大明湖和众多的湾塘，水清土肥，这为蒲菜的生长提供了良好的条件，因此自古以来蒲菜便成为济南的特产，被誉为"美蔬"。清代济南乡贤王贤仪在其《辙环杂录》中写道："历下有四美蔬，春前新韭，秋晚寒菘，夏蒲荄根，冬畦苔菜。"民国初年出版的《济南快览》中也说："大明湖的蒲菜，其形似荄，其味似笋，遍植湖中，为北数省植物类菜之珍品。"这可谓对济南蒲菜的最高评价。济南人有此天赐的"珍品"，固然喜之爱之，用它做成种种美味佳肴，如锅塌蒲菜、虾子炒蒲菜、蒲菜炒肉、奶汤蒲菜等都以其特殊的鲜美，特有的风味，让人百食不厌，回味无穷。尤其用奶汤和蒲菜烹制成的"奶汤蒲菜"，脆嫩鲜香，清淡味美，素有"济南汤菜之冠"的美誉，早在明清时期便极有名气，至今盛名犹存。20世纪30年代，现代著名作家郁达夫曾在济南作短暂逗留，济南蒲菜给他留下了深刻印象。他在文章中写道："只有莲蓬、蒲菜的味道，的确还鲜。"青少年时期曾在济南求学的著名诗人臧克家也曾深情地回忆说："逛过大明湖的游客，往往到岸上的一家饭馆里去吃饭。馆子不大，但有一样菜颇有名，这就是：蒲菜炒肉。济南的烤整猪，蒲菜炒肉，我都尝过，至今皆有美好的回忆。写到家乡的菜，心里另有一种情味，我的心又回到了故乡，回到了自己的青少年时代。"

蒲菜不但可以做成美味佳肴，也可成为普通百姓喜爱的"大众食品"。如老济南人都熟悉的"老牛筋""面疙瘩"，就是蒲菜制成的特色食物。对济南掌故颇为熟悉的秦若轼先生曾对这两种食物做过专门介绍。他在文章中提到，"老牛筋"是蒲菜地下根块上长的根须，形状像一根白色手指粗细的鞭子，拉不断，嚼不烂，就像牛筋似的。将它放进嘴里咀嚼，咽下汁肉，吐出残渣，其味甜中微苦，清凉爽口，深受孩子们喜爱。"面疙瘩"为蒲菜的地下块茎，深棕色，外面长着短短的毛须，将其蒸熟后可食。过去济南有专门做"面疙瘩"卖的。店主将蒲菜的叶茎剪去，留下带毛须的块茎。将块茎上的淬泥洗净，然后上锅蒸熟，即成"面疙瘩"。将蒸熟的"面疙瘩"放进竹篮里，便可沿街叫卖。顾客买好后，卖者便用一把短把的小镰刀，将卖出去的"面疙瘩"厚实的外皮削去，并从中间切开，交给买主。削去皮的"面疙瘩"其色雪白，又甜又面。再蘸上白糖吃，其味赛过栗子。

除食用外，蒲菜还有多种用途。它的花形似一根海绵棍子，俗称蒲棒。过去没有蚊香时，人们常用点燃晒干的蒲棒来驱蚊，效果颇佳。晒干的蒲叶还可以编织成凉席、蒲包、蒲鞋等生活用品。此外，蒲菜还具有清热凉血、利水消肿等功效，可用它治疗孕妇劳热、胎动下血及口疮、热痢、淋病、水肿等多种疾病。

正因为蒲菜用途广泛，所以过去大明湖等地方广泛种植。湖民们划着小船，初夏到湖中采挖嫩蒲，深秋到湖中收割蒲草。满载丰收和欢乐的小船往来于湖上，跟采莲船一样，也成为大明湖上的一道亮丽风景……

章丘大葱

外地人一提山东，就知道山东盛产大葱。而山东大葱中的

佼佼者，当数济南的章丘大葱。章丘大葱是山东省的著名特产
之一。据史料记载，大葱的原始品种于公元前681年由中国西
北传入齐鲁大地，从此便在山东安家落户。至明代，章丘已经
广泛种植大葱。明嘉靖九年（1530），明世宗特封章丘大葱为
"葱中之王"。从此，它便成为贡品，年年向朝廷进贡；在民
间它也广受赞誉，并有"华夏葱以齐鲁为最，齐鲁葱以章丘
为最，章丘葱以女郎山为最"之说。

　　章丘大葱之所以闻名，是因为它确有"出类拔萃"之处。
它的特点，其一是高，即植株可高达2米，一般都在1.5米左
右；单株的重量可达1.5公斤。其二是长，即葱白长达50～60
厘米，最长的达1米左右；葱白茎粗可达5厘米。其三是脆，
即它的质地无筋无渣，脆嫩爽口，味道鲜美。其四是甜，即葱
白甘甜可口，可如水果般生食。

　　正因章丘大葱有许多优点，所以在饮食上也用途广泛。作
为美食，它可以生吃，如大葱蘸面酱卷饼，甜脆爽口，清香入
心，现已进入宴席，颇受食客欢迎。香港美食家蔡澜先生曾说
过："请客时上此道菜，吃过之后无论哪一个国家的人，都拍
案叫绝。"此外，大葱还是别的菜的配菜。如北京烤鸭、红烧
肘子、清炸大肠等名菜，若没有大葱相配，便会"香销玉
殒"，黯然失色，质量大打折扣。

　　当然，大葱的功用和价值，更多地体现在熟食上。就自成
体系的鲁菜来说，无论是爆炒烧熘，还是蒸扒炸烤，都离不开
大葱。在鲁菜中，它不但可做主料，亦可做辅料，更可做调
料。用它做主料可以做出葱烧海参、葱烧蹄筋、葱烧肉、葱扒

鱼唇等名菜，用它做辅料的名菜有烤鸭、红烧肘子、油炸大肠等，用它做的调味品主要有葱油泥、葱椒泥、葱油、葱椒绍酒等。鲁菜行中有句俗语说："如言山东菜，菜菜不离葱。"这充分说明大葱在鲁菜中具有举足轻重的地位。

章丘大葱的美食价值，也受到许多名人的赞美。

1931 年，老舍刚到济南不久，就对济南的大葱情有独钟。他在《到了济南》一文中说："济南有许多好的事儿，随便说几种吧：葱好，这是公认的吧，不是我造谣生事。"

20 世纪 30 年代曾在青岛生活过的著名文学家兼美食家梁实秋先生，晚年在台湾十分怀念山东的美食，又特别钟情山东大葱。他在《忆青岛》一文中深情回忆说："……再就是附近潍县的大葱，粗壮如甘蔗，细嫩多汁。一日，有客从远道来，止于寒舍，惟索烙饼大葱，他非所欲。乃如命以大葱进，切成段段，如甘蔗状，堆满大大一盘。客食之尽，谓乃平生未有之满足。"

以上所说的山东大葱，主要指的就是章丘大葱。

作为名、特、优产品，章丘大葱也有着不凡的身世，获得了许多荣誉。早在 1956 年，章丘葱农刘廷茂参加全国劳模大会时，就因其生产的大葱品质优异，获得了周恩来总理署名的荣誉奖状；1959 年，章丘的父老乡亲将单株 2 斤以上的大葱装了两箱献给党中央和毛主席，受到国家领导人的高度赞扬。随之章丘大葱又远销新加坡、香港和澳门等国家和地区，赢得"风味独特、佳蔬天成"的赞誉；1992 年，章丘大葱又荣获曼谷农业博览会金奖；1998 年以来，又连续三年获全国农业博览会金奖。近年来，章丘大葱还荣膺"中国驰名商标"，不仅畅销国内，又进一步打入国际市场，远销日本、韩国等地，成为名副其实的"世界葱王"。尤其值得一提的是，为了不断提升章丘大葱的高科技含量和品质优化水平，2003年11月，章丘大葱的种子又被送上我国第18颗返回式科学实验卫星，成功地完成了章丘大葱种子的太空搭载试验。接着经过精心培育，推出了"航天1号""航天2号"和"航天3号"等一系列大葱新品种。这些新产品一经上市，即引起业内外人士的极大关注。这对章丘大葱来说，无疑是个历史性的突破！

3 民间文艺

我国北方最早的民间曲艺——山东大鼓

山东大鼓是我国北方现存最早的民间曲艺。它发源于鲁西运河沿岸的农村，最初是农民在农闲时敲打犁铧碎片演唱的秧歌调，故称"犁铧大鼓"，又作"梨花大鼓"。后来逐渐发展成为有板式变化的成套唱腔，再后来出现了流动的民间艺人，到各地演唱"大鼓"，并形成了孙、赵两大门户，流传日益广泛。

山东大鼓相传形成于明代末期。自清嘉庆年间开始，山东大鼓在冀、鲁两省南起聊城、临清，北至德州、沧州的大运河两岸广泛传播，并形成了五个支派，其中主要的为南口派、老北口派和小北口派三大支派。清末山东大鼓进入济南后，其影响进一步扩大。尤其白妞、黑妞的精妙演唱，把这一艺术奇葩推向一个新的高峰，并迅速风靡省城。这时期成立于济南的山东大鼓班社就有杜大桂的杜家班，李泰祥、李大玉的李家班，李金彪、孙大玉的又一李家班，姬兴居、上半截（姬兴居之妻）的姬家班等。同时，一批享有盛名的鼓书艺人也相继出现，其代表人物除名噪一时的白妞、黑妞外，还有郭大妮、上半截、下半截、盖山东、白菜心等。20世纪30年代以后又涌现出蜚声曲坛的"四大玉"（即谢大玉、李大玉、赵大玉、孙大玉）和杜大桂、姬素英、鹿巧玲等。谢大玉、李大玉、赵大玉、筱艳芳等还在上海灌制了山东大鼓唱片，向全国各地发行。这使山东大鼓很快发展成为一个具有全国影响的大曲种，进入了它发展史上的鼎盛时期。新中国成立后，为了突出地方特色，梨花大鼓更名为山东大鼓，流传地区也超出了山东城乡，直至南京、上海、洛阳、重庆、北京、天津、东北各地。山东大鼓的演唱形式多为单人站唱，二三人伴奏，也有的是二人对唱。伴奏乐器为矮脚小鼓、大三弦和月牙板（即梨花片）。山东大鼓的风格朴实，曲调高昂，说、唱、道、白兼备，叙事、抒情交融，富有浓郁的乡土气息。清末著名小说家刘鹗在《老残游记》中，曾生动地描写了黑妞、白妞在济南明湖居演唱山东大鼓的情景。他先写黑妞演唱："这姑娘便立起身来，左手取了梨花简，夹在指头缝里，便叮叮铛铛地敲，与那弦子声音相应；右手持了鼓槌子，凝神听那弦子的节奏。忽羯鼓一声，歌喉遽发，字字清脆，声声宛转，如新莺出谷，乳燕归巢。每句七字，每段数十句，或缓或急，忽高忽低；其中转腔换调之处，百变不穷，觉一切歌曲腔调皆出其下，以为观止矣。"继而写白

明湖居

妞演唱:"启朱唇,发皓齿,唱了几句书儿。声音初不甚大,只觉入耳有说不出来的妙境:五脏六腑里,像熨斗熨过,无一处不伏贴;三万六千个毛孔,像吃了人参果,无一个毛孔不畅快。唱了十数句后,渐渐的越唱越高,忽然拔了一个尖儿,像一线钢丝抛入天际……"刘鹗的描写,将白妞、黑妞的高超演技和山东大鼓的无穷韵味刻画得淋漓尽致,千古而不衰。

山东大鼓的发展,也带动了书目的日渐丰富,其中流传下来的中长篇有《三全镇》《金锁镇》《大破孟州》《大送嫁》《包公案》《海公案》《西厢记》等数十部;短篇段儿多取材于《三国演义》《水浒传》《红楼梦》等历史小说,有《华容道》《东岭关》《长坂坡》《李逵夺鱼》《燕青打擂》《黛玉葬花》《宝玉探病》等上百段。另外还有一些根据戏曲故事、民间传说、现实生活等编写的唱段，共两百余段。

山东大鼓历史悠久，音乐唱腔独特，节目蕴藏丰富，地方色彩浓郁，具有较高的历史文化价值。它的发展，也促进了山东快书的形成，并对"乔派"河南坠子和西河大鼓等民间曲艺的发展产生过重大影响。然而"文革"以后，遭受破坏的山东大鼓渐趋衰落，淡出舞台。直到近些年来，在政府的大力倡导和扶持下，它才重新焕发了青春，一些失传多年的传统书目也得到恢复整理，重返舞台。2006年5月，山东大鼓又被列入首批国家级非物质文化遗产名录。从此，山东大鼓又步入了一个新的春天！

民间舞蹈的代表——鼓子秧歌

鼓子秧歌是济南商河、济阳等地最为普遍的一种民间舞蹈，因表演者手持特制的罗圈鼓边敲边舞而得名，又称手鼓、大秧歌、蹦鼓子等。鼓子秧歌与胶州秧歌、海阳秧歌并称山东三大秧歌，被誉为"中华民族民间舞蹈的典型代表"。

鼓子秧歌相传起源于宋代。它的产生与当时黄河流域生存条件艰苦、百姓企盼丰收有关。传说北宋年间，河南一带黄河水患不断，大批灾民迁到商河等地开荒种地，辛勤耕作。当他们播下的种子长成庄稼，迎来丰收时，人人都欢喜若狂，自发地进行庆贺。他们以"罗圈"（筛面用的工具）蒙皮纸为鼓，以"锅梁"（蒸食物时架箅子的木架）置柄为伞，兴高采烈地扭起了家乡的秧歌。从此这种秧歌便在当地生根开花，流传开来。后经不断发展创新，遂成为每逢节庆日百姓进行庆贺的民间舞蹈。还有一种说法是北宋年间，商河一带连年遭灾，开封府尹包拯从河南赶来放粮，赈济灾民，同时让属下将秧歌传授给当地百姓。从此每年元宵节时，人们便扭起秧歌，感谢包公的救命之恩。传说尽管不尽相同，但都说明鼓子秧歌是北宋年间从河南传来的。明清两代，秧歌在商河、济阳一带已经广泛流传。

鼓子秧歌代代相传，逐渐成为广大农民庆祝丰收、欢度佳节的一项重要民俗活动。他们还根据其喜庆特点，将鼓子秧歌称作"跑十五""闹玩意儿"等。据明嘉靖《商河县志》记载："立春前一日……里人行户扮渔、樵、耕、读诸戏，酒筵悦歌，竟为欢会，凡三夜。"而元宵节的"跑十五"活动更为热闹："举国纷纷兴若狂，新正十四挂衣裳。明朝但愿无风雪，尽力逞才闹一场。"至清代，以鼓子秧歌庆佳节的活动更为壮观："士女云集，途为之塞，自晨至暮，络绎不绝。"发展到当今，鼓子秧歌有了更为广泛的群众性。每到元宵节前后，商河等县的许多村镇都自发地组织起鼓子秧歌队，走街串巷进行演出。而参演的群众也特别踊跃，上至七八十岁的老人，下至七八岁的孩子，都争先恐后地参加演出，以至三代共舞的现象也不鲜见。鼓子秧歌的流传之广，普及之深，由此可见一斑。

鼓子秧歌的表演形式也独具特色，它集歌、舞、丑于一体，表演时先舞后歌；歌者不舞，舞者不歌，丑角则在歌舞中插科打诨。经常唱的歌曲有《摇葫芦》《打岔》《鸳鸯嫁老雕》《馋老婆吃狗》《大观灯》《小观灯》等。这些歌曲多以民间故事、历史传说和日常生活为主，富有浓郁的乡土气息和生活情趣。鼓子秧歌的角色则以舞者所用的道具名称命名，大致分为"伞""鼓""棒""花""丑"五种角色。"伞"又有"头伞"和"花伞"之分。"头伞"扮作老汉形象,"头伞"中的第一和第二把伞既是演出的组织者和指挥者,又是领舞者。"头伞"左手握伞,右手握铜铃或牛胯骨,表演动作有韧劲,给人以老当益壮、舒展圆润之美感。"花伞"扮作青年形象,动作刚劲挺拔,阳刚之气十足。"鼓"又称"鼓子",是秧歌队伍的主力,代表强健威武的中年男性形象。"鼓子"左手掌鼓,右手握着系有红绸条的鼓槌,边擂鼓边舞动,跳、转、劈、蹲,动作刚劲挺拔,粗犷豪放。"棒"又称"棒槌",表现的是矫健的男性青少年形象。表演者双手各握一根枣木棒,击打花点,动作轻巧灵活,洒脱利落,神态悠然自得。"花"多扮作少女形象,有"地花"(不踩高跷)和"跷花"(踩高跷)之分,其道具是三四米长的彩绸和扇子或花枝,表演时左绸右扇或右绸左扇。"花"的动作活泼优美,具有性格开朗、美丽贤淑的喜人形象。"丑"多扮作赃官、傻小子、丑老婆等形象。他们在秧歌队伍中迂回穿插,插科打诨,其表演滑稽诙谐,妙趣横生。

鼓子秧歌是一种大型集体民间舞蹈,因其人数众多,组织严密,形式完整,舞技强悍遒劲,场阵磅礴恢宏,既蕴藏着厚重的历史文化感,又具有浓郁的时代气息和鲜明的地方特色,故被誉为"民族民间文化的奇葩,齐鲁文化的骄傲","是我国汉族男子舞蹈阳刚之美的集中表现,是舞蹈文化的瑰宝","在全世界范围的民间舞中也是极为少见的"。1955 年、1980年、1989 年、1992 年、1996 年、2002 年,鼓子秧歌六次代表山东省和济南市参加全国民间舞蹈大赛,五次获最高奖;1999年又去北京参加了建国五十周年大庆,在天安门前的演出活动享誉海内外。2006年5月，鼓子秧歌又被列入第一批国家级非物质文化遗产名录，从此有了更加辉煌的发展前景。

民间工艺的奇葩——兔子王

济南作为历史文化名城，传统文化底蕴深厚。尤其是多姿多彩的民间工艺，以其雅俗共赏的鲜明地方特色，在山东乃至全国都独树一帜。这些民间艺术品品类众多，制作水平精湛，具有代表性的有黑陶、剪纸、面塑、泥塑等。而兔子王就是泥塑中的一朵奇葩。

过去每到中秋，除祭月、拜月外，济南还有一个特殊风俗，就是家家供奉兔子王。祭月时将兔子王摆在供桌上，使它以兔神的身份接受祭拜。祭拜过后，这兔子王又成了儿童手中的玩具。

关于济南"兔子王"的来历，民间流传着这样一个传说：古代济南的许多泉池，不断地向外喷射有毒的烂泥汤子，不但弄脏了环境，还使许多孩子生疮害病，无法医治，危及生命。人们听说住在广寒宫的月奶奶有药能治这病，但却苦于天高月远，有药难求。正在一筹莫展之时，有个叫任汉的少年挺身而出，要去广寒宫寻药救人。他听说八月十五这天是月奶奶的生日，便跟随前去祝寿的和尚，混进广寒宫，在仙女的帮助下，盗得药饼儿。他揣上药饼，正准备返回人间时，却见月宫外浓云密布，挡住了去路。正在他焦急万分之时，仙女身旁的白玉兔说话了："赶快剥掉我的皮，披在你身上，变成我这样的白兔，方能钻出云缝，重返人间。"说罢，一头撞死在广寒宫的大门上。任汉强忍悲痛，将玉兔的皮剥下披在自己身上，变成白兔，口含药饼，钻出云缝，顺利地回到济南，并立即把药饼塞到众泉眼里。说也奇怪，原来发臭有毒的泉水，立刻变清变甜。那些生疮害病的孩子喝了这清冽的泉水，全都得救了。人们十分感激这只救命的白兔，于是每年八月十五这天，家家用面做成兔子神的塑像，供奉祭拜。天长日久，人们就把药饼叫成月饼，把兔子神叫成兔子王。中秋节供奉兔子王，也成为济南独特的风俗……

济南人喜欢兔子王，也使兔子王有了广阔的市场。新中国成立以前，在中秋节的前几天，从普利门到舜井街的一条主要大街上，到处都是月饼和水果摊子，每一个摊子上都能见到兔子王。人们买月饼和水果馈赠亲友，都要捎几个兔子王做礼品。当时济南做兔子王的有 30 多家，批发市场在盛唐巷，新中国成立后移至人民商场顺河街一带。

旧时做兔子王的艺人，"文革"后多已不在，只有周景福先生及其子还在继续传承这一民间工艺。

周氏兔子王历史悠久，自周景福的祖父至今，已经传承了四代。它以黄河细胶泥为原料，经 16 道工序加工而成，有站王子、大红袍、大坐虎、中坐虎、小坐虎、小坐墩、兔儿奶奶、兔子山等十多个品种。虽然这些兔子王大小不等，形态各异，但牵动线绳，都可以呈现出玉兔捣药的姿态，这是济南周氏兔子王的突出特色。另外，周氏传人还制作出了饶有情趣的美猴王、猪八戒念经等泥塑作品，特别受儿童欢迎。

"周氏兔子王"在"文革"中受到严重冲击，模具被毁，停业多年，这一工艺品逐渐淡出了人们的视野。20 世纪 80 年代，周景福先生怀着对这一祖传工艺的深情，凭借保存下来的部分模具，重新恢复了兔子王的制作。2004 年，一代泥塑大

周景福制作的兔子王

师、第三代兔子王传人周景福辞世后，兔子王在济南又一度销声匿迹。后来曾跟随父亲学做过兔子王手艺的周秉生继承了父业，成为兔子王的第四代传人。在他的努力下，目前济南"周氏兔子王"已经发展成为济南市的标志性旅游纪念品，并于 2010 年 10 月被列入济南市第三批非物质文化遗产名录。

五 景观名胜

1 三大名胜

元代地理学家于钦曾赞叹说："济南山水甲齐鲁，泉甲天下。"千佛山、趵突泉、大明湖集中体现了济南湖光山色交相辉映的独特风貌，是公认的济南三大名胜。

千佛山

千佛山，古称历山。相传舜曾躬耕于历山之下，因而又称舜耕山。隋朝开皇年间，依山沿壁镌刻了许多石佛，故始称千佛山。千佛山海拔284.5米，山势虽不高峻，但景色绮丽，苍秀深幽。沿盘道西路登山，途中有一唐槐亭，亭旁有一株古槐，相传唐朝名将秦琼曾在此拴过他的骏马。继续向上，半山腰处有一彩绘牌坊，即"齐烟九点"坊。古时站在这里向北望去，可以看到散布在北郊平原上的九个山头，即华山、鹊山、卧牛山、标山、凤凰山、北马鞍山、粟山、匡山、药山，九座山形态各异，岚烟缭绕，缥缥缈缈，景色迷人。再向上就是始建于隋朝的兴国禅寺了。寺内南侧千佛崖上有隋朝雕刻的佛像百余尊，崖壁上有龙泉洞、极乐洞、黔娄洞、洞天福地坊、对华亭等古迹。寺内还有大雄宝殿、玉佛殿、菩萨殿等殿堂，里面供奉着佛祖、菩萨等。整个禅院深邃幽静，香烟缭绕，殿宇雄伟古朴。寺东侧为历山院，院内有舜祠、三圣殿、圣裔祠等。舜祠历史悠久，在北魏郦道元的《水经注》中就有记载称："城南对山，山上有舜祠。"现在的祠堂为 2001 年重修。祠内有大舜塑像，衮冕执圭，双目瞑闭，须髯垂胸，左右配享娥皇、女英二妃。祠北有一览亭，凭栏北望，泉城风貌一览无余。山顶上则建有赏菊阁和望岱亭。

趵突泉

趵突泉，古时或称作"槛泉""瀑流"，宋代曾巩任齐州知府时，始定名为"趵突泉"。趵突泉为济南七十二名泉之首，被誉为天下第一泉。泉池中央有三个大泉眼成一线紧密排列，水从里面翻滚而出，齐声迸发，势如鼎沸，声若隐雷，昼夜喷涌不息，令人叹为观止。清代文学家蒲松龄赞之曰："海内之名泉第一，齐门之胜地无双。"泉池周围短榭长廊，纡折尽致，古迹荟萃。泉池北面是"泺源堂"，堂厅两旁楹柱上悬挂着宋代书画家赵孟頫的名句"云雾润蒸华不注，波涛声震大明湖"；泉池西侧有探入水中的明代建筑"观澜亭"，亭前南面水中矗立的石碑上，书有"趵突泉"三个大字，为明代书法家胡缵宗的手笔；亭北面水中还立有"第一泉"石碑，为清代书法家王钟霖题写。泉池南侧有长廊围合，墙壁间镶嵌着许多名人雅士的咏泉题刻，长廊东首则竖立着康熙和乾隆为趵突泉题写的"双御碑"。池东面来鹤桥横跨泉上，桥南端耸立着一个古色古香的木牌楼，横额两面分别写有"洞天福地"和"蓬山旧迹"八个金色大字。来鹤桥东北首有望鹤亭茶社，专门用趵突泉水泡茶，味醇色鲜，清香无比。当年康熙和乾隆游览趵突泉时，都曾来此处品茗赏泉。相传乾隆皇帝曾封北京的玉泉为"天下第一泉"，下江南时专门带了玉泉水在途中饮用。但是到济南品尝了趵突泉的泉水后，便大加赞赏，立即将携带的玉泉水换成趵突泉水，并将"天下第一泉"的美名改封给了趵突泉。

趵突泉

趵突泉周围还有娥英祠、尚志堂、李清照纪念堂、沧园、白雪楼、万竹园等名胜古迹。

大明湖

大明湖在古时最初是指济南城西泺源桥迤北的一片水域（在今五龙潭一带）。现今城内大明湖古称历水陂。北宋曾巩出任齐州太守时，筑百花堤分陂水为东、西两湖，城内大明湖遂有"西湖"之称。金代时，元好问在其《济南行记》中将东西两湖统称为大明湖。此后，"大明湖"之名一直沿用至今。大明湖由诸多泉水汇流而成，湖水澄净，风景秀美。湖面上碧波荡漾，鸢飞鱼跃，莲荷叠翠，画舫穿行，岸边杨柳依依，繁花似锦，亭台楼阁点缀其间，水榭长廊参差有致。古人曾将大明湖一年四季的美景概括为："春色扬烟、夏挹荷浪、秋容芦雪、冬泛冰天。"

大明湖

大明湖一带历代建筑甚多，素有"一阁、三园、三楼、四祠、六岛、七桥、十亭"之赞誉。其中尤以历下亭最为著名。历下亭历史久远，位置也几经变迁。北魏至唐朝时在五龙潭一带，唐代诗圣杜甫曾与北海太守李邕宴饮于此，并写下《陪李北海宴历下亭》一诗，其中"海右此亭古，济南名士多"一句广为传诵，历下亭也由此名扬天下。北宋时期，历下亭移建于今大明湖南岸。清康熙年间又移建于现址，即大明湖中面积最大的一个湖心岛上。此后，历下亭又几经整修，但基本上保持了清代原貌。现今的历下亭坐北朝南，红柱青瓦，八角重檐，朱梁画栋，是一座轩昂古雅的木结构建筑。亭上悬挂着乾隆皇帝手书的"历下亭"金字匾额。亭北为名士轩，是历代文人雅士宴集之地，墙壁上嵌有杜甫、李邕和历代济南名士的石刻画像，以及清代何绍基题写的《历下亭》诗碑。亭的南面为大门，大门楹联即为杜甫名句"海右此亭古，济南名士多"。大门东侧横卧着一块石碑，上刻乾隆皇帝手书"历下亭"三字。大门西侧有御碑亭，亭内立有乾隆撰书的《大明湖题》诗碑。

小沧浪位于大明湖北岸，是一处具有江南风格的小园林。它始建于乾隆年间，由小沧浪亭、曲廊、荷池等组成。曲廊沿湖而建，湖水穿渠引入荷池，池边建有八角形的小沧浪亭，小沧浪亭门两旁，镌有清代书法家铁保书写、刘凤诰口占的名联："四面荷花三面柳，一城山色半城湖。"寥寥十四个字，将济南城市的整体风貌及特色和盘托出。小沧浪亭还是观赏"佛山倒影"奇观的理想之地。

近年来，大明湖进行了扩建，总面积由原来的 74 公顷扩大到 103.4 公顷，恢复重建了超然楼、明湖居、闻韶驿等历史古迹，增辟了老舍与济南、秋柳人家等文化展馆，新建了七桥风月、稼轩悠韵、秋柳含烟、曾堤萦水等八大景观，修建了许多小桥及仿古建筑。同时大明湖还与护城河相接，与黑虎泉、趵突泉、五龙潭等名胜一水相连，并实现了通航，形成了一条泉湖连通的特色景观线。扩建后的大明湖由"园中湖"变成了"城中湖"，新老景观交融互现，彰显了其丰富的文化意蕴和迷人的风光魅力，大大提升了济南的城市形象。

2　寺观庙宇

神通寺与四门塔

神通寺是山东最早的佛教寺院，有"山东第一寺"之称。古称朗公寺，前秦皇始元年（351）由僧朗在泰山之阴金舆谷（今历城区柳埠东北）创建。不久，即达到"上下诸院，十有余所，长廊延袤，千有余间"的规模。隋代，文帝杨坚将其更名为神通寺，又令高僧法瓒送来舍利，并任住持。后经过唐末的社会动乱，神通寺一度衰败。至元代中叶，神通寺又兴盛起来，所属寺院有28处之多。后来又几经兴废，近代以来仅存遗址，遗址周围有古建筑四门塔、龙虎塔、墓塔林以及千佛崖造像等文物古迹。

四门塔在神通寺遗址东侧，建于隋大业七年（611），是我国现存最古老的石塔。塔为单层方形，塔顶以石板层累收缩叠筑，呈四角方锥形。塔身用大块青石筑成，四面各有一半圆形拱门，故称"四门塔"。塔室中心为石砌方形的塔心柱，柱

四面各有一尊石雕佛像，用整块大理石雕成。四尊佛像皆面部
表情生动，衣纹流畅飘逸，为中国早期石雕佛像之佳作。四门
塔形制古朴，风格独特，是我国古代建筑中的精品。

四门塔

　　龙虎塔在四门塔西北方。该塔建筑年代无法确定，据专家
推测，塔基、塔身应建于唐代，塔顶补建于宋代。塔高 12.2
米，为砖石混建的重檐方塔。塔基为石砌三层须弥座，塔身上
部雕有佛像及龙、虎、力士、乐伎、飞天等精美图案；塔室内
有石雕佛龛，四面皆有一尊佛像。整个建筑玲珑精巧，在现存
唐塔中别具一格。塔北有墓塔林，现存墓塔 46 座，其中比较
重要的是元代道兴禅师塔和德云禅师塔。

　　千佛崖石窟造像位于神通寺遗址西北方的白虎山，南北长
约 60 米。在山的东侧崖面上有大小窟龛 100 余处，窟中雕有
佛像 200 余尊，造像题记 40 余则。造像多为唐初作品，其中

有两尊是唐太宗三女儿南平公主和十三子赵王李福为太宗所造。这些佛像大多面容丰满，雕刻细腻传神，为古代石雕艺术精品。

九顶塔在千佛崖东南的灵鹫山南麓，建于唐代。塔高13.3米，塔身南面辟有佛室，室内有石雕佛像，墙壁上绘有彩画。令人称奇的是，塔的顶部有九座小塔，小塔皆为三层，各层均凿佛龛，且重檐覆甍，极为精巧。整座塔造型奇特，国内罕见。日本出版的《世界美术全集》称赞该塔："匠意纵横，构筑奇异，其它无能及。"

四门塔、龙虎塔、九顶塔以及千佛崖造像，先后被列为全国重点文物保护单位。

灵岩寺

灵岩寺坐落在济南长清区灵岩山下。它始建于北魏正光元年（520），由法定禅师辟建，初名神宝寺。相传高僧郎公来此说法时，使得"猛兽归附，乱石点头"，故称灵岩寺。唐贞观年间，高僧慧崇在灵岩寺原址旁另建新寺，寺院规模不断扩大，唐宋时期达到鼎盛，位列全国四大古刹之首。唐高宗与武则天前往泰山封禅时，皆曾驻跸灵岩寺。明清时期又多次整修。

灵岩寺布局坐北朝南，依山而建，沿山门向内，依次有天王殿、钟鼓楼、大雄宝殿、五花殿、千佛殿、般舟殿、御书阁等，稍西有鲁班洞、辟支塔、墓塔林。其中最具价值的是千佛殿、辟支塔和墓塔林。

千佛殿是灵岩寺保存最完好、规模最突出的主体建筑，始建于唐代，现存多为明代建筑。大殿面阔七间，进深四间，单檐庑殿顶。殿内四壁砌数层佛台，上置上千个小佛像。中央供奉着通体贴金的三尊大佛，佛像仪态雍容，衣纹流畅，服饰简洁，极具艺术感染力。大殿东、西、北三面置有 40 尊北宋彩绘泥塑罗汉坐像，他们神态各异，或慈眉善目，或刚烈威武，或肃穆恬静，或诙谐幽默，个个形象传神，栩栩如生。著名学者梁启超观赏后，赞誉其为"海内第一名塑"；刘海粟则题词曰："灵岩名塑，天下第一，有血有肉，活灵活现。"

辟支塔位于千佛殿西北侧，始建于唐天宝年间，宋代重修。塔高 55.7 米，是一座八角九层十二檐的楼阁式砖塔，塔基上有浮雕，表现的是古印度孔雀王朝阿育王皈依佛门的故事。辟支塔是灵岩寺的标志性建筑，宋代文学家曾巩有诗赞曰："法定禅房临峭谷，辟支灵塔冠层峦。"

灵岩寺墓塔林计有北魏至明清历代石质墓塔 167 座，墓志铭、石碑 81 通。墓塔造型各异，雕刻技法多样，精美绝伦。

1982 年，灵岩寺被列为全国重点文物保护单位。

五峰山洞真观

洞真观位于长清区五峰山，金泰和年间（1201～1208）由全真教道士邱志原、范志明创建。之后又经王志深、李志清增筑建设，使道院初具规模，并定名为"洞真观"。洞真观在元代被皇帝敕封为"护国神虚宫"，明万历皇帝又敕封为"隆寿宫"，敕建"保国隆寿宫石坊"，并颁发《道藏》经一部。至此，洞真观进入鼎盛时期，"楼殿岿崇，金碧辉荧"。清代以来，渐趋衰败。

洞真观坐北朝南，依山而建，错落有致。现存主要建筑有迎恩寺、皇宫门、三清宫、迎仙桥、玉皇殿、清泠亭、碧霞宫、真武殿、保国隆寿宫石坊、三元宫、朝阳洞等。其中玉皇殿为洞真观主殿，面阔三间，进深三间，始建于金代，现存建筑为明代重建。殿内塑玉皇大帝像，头戴九旒冕冠，两侧侍者各四，手持枪、刀、火、旗。左右两侧配殿分别为虎神殿和龙王殿。

洞真观中古碑林立，金、元、明、清各代皆有，其中最著名的是金代的《崔真人画像赞》碑。崔真人，名道演，号真静，金兴定五年（1221）卒。此碑为后人纪念他而立。碑额镌"真静崔先生画像赞"八字，碑身有沈士元所绘的崔道演盘膝坐像，画像下端勒有元好问、刘祁、杜仁杰的三篇像赞，分别为籀、篆、隶字体书写。碑的背面镌刻杜仁杰撰文的《真静崔先生小传》。此碑诗、书、画、刻俱出自名家之手，尤为珍贵，为历代金石家所著录。

2006年，洞真观被列为山东省重点文物保护单位。

洪家楼天主教堂

在历城区洪楼广场北侧，有一组气势恢弘的哥特式建筑，这就是洪家楼天主教堂。教堂始建于光绪二十八年（1902），三十一年（1905）建成，是由天主教山东北境教区的方济各会主教申永福兴建的。教堂由奥地利修士庞会襄设计。教堂坐东面西，前窄后宽，多角多楼，多门多窗，建筑面积约为1625平方米。教堂西立面为双塔钟楼式，钟楼高耸入云达48米。两座钟楼（塔）夹着中部教堂大厅的山墙，其上排满密挤的窗户，下面有三个尖拱形正门，门上面装饰着精美的花纹。教堂后端也矗立着两个高约35米的尖塔，前后四塔相互对应，别具一格。教堂主厅富丽堂皇，中央通廊高大宽敞，进深很长，可容纳800余人作弥撒，高耸的穿隆顶和墙面有各种壁画和雕饰，充满宗教的神秘感。整座建筑雕饰繁杂、雄伟壮观，充满了向上的动势。洪家楼教堂建成后，成为济南乃至华北地区规模最大的天主教堂，也是中国近代宗教建筑中的精品。

洪家楼天主教堂

2006 年，洪家楼天主教堂被国务院列为全国重点文物保护单位。

万字会旧址

在济南市中区上新街南端，有一组气势宏大的仿古建筑群，这就是万字会旧址。万字会也称红万字会，是民国时期由济南道院设立的一个著名慈善团体。济南道院是由滨州人杜秉宾于1921 年创建的民间宗教组织，1922 年道院设立红万字会专门从事慈善救助活动，并在海内外广泛设立分会。因济南道院为始创地，故被尊为母院，济南万字会旧址即为济南道院旧址。

万字会旧址始建于 1934 年，1942 年竣工，占地面积达13975 平方米。整座建筑是仿中国传统宫殿式建筑，采用传统的建筑布局手法，前后共有四进院落，沿中轴线依次为照壁、正门、前厅、正殿、辰光阁，两侧东西厢房以廊相连，门前有一个高约 10 米的照壁。中轴线上各个建筑由南向北，逐渐抬高，层次分明，整组建筑群显得宏伟壮观。

济南万字会建筑中采用了大量新材料，结构形式与工艺极富时代特征，是一处现代建筑工艺与传统建筑造型相融合的殿堂建筑。2006 年济南万字会被国务院列为全国重点文物保护单位。

3 名人故里与故居

秦琼祠

秦琼，字叔宝，齐州历城人，唐朝开国名将，功拜左武卫大将军，封翼国公，死后改封为胡国公。民间传说中的秦琼，手持黄铜锏，胯下黄骠马，锏打山东六府，马踏黄河两岸，孝母赛专诸，交友似孟尝，是深受国人喜爱的英雄好汉。在民间神话中，秦琼与唐初另一名将尉迟敬德共同被尊奉为门神。

在济南，民间自古传说秦琼出生于一个世代打铁的家庭，即所谓"冶铁秦家"。关于秦琼的故里，有的说在济南西关沙苑，有的说在济南南山仲宫，更有一种说法流传最久、最广，称秦琼故居就在五龙潭，元代文学家张养浩在《复龙祥观施田记》中说："闻故老言，此（指五龙潭）唐胡国公秦琼第遗址，一夕雷雨，溃而为渊。"1982 年在五龙潭畔发掘出一块清代的石碑，上书"唐左武卫大将军胡国公秦叔宝宅"。然而，1995 年从经七路小纬六路一处工地出土了秦琼之父秦季养（字爱）的墓志铭，上面明确记载，秦琼的曾祖父、祖父和父亲三代均系北魏、北齐的文职官员，秦琼的故居在历城县怀智里，也就是今天的经七路小纬六路一带。

秦琼祠是在民间传说中的秦琼故居旧址上重新修建的，位于五龙潭公园北部。这是一处唐代风格的四合院建筑。正对大门外的影壁上刻画了秦琼的两匹坐骑黄骠马和忽雷驳。大门与正殿门之间有一个铸铜三足大鼎，沿鼎外围铸有"忠、孝、义、勇、信"五个大字。祠堂由正殿、东廊、西亭廊三部分组成。正殿内安放着一尊秦琼身披戎装的塑像。殿内的壁画取材于正史中关于秦琼的事迹，由"初勋建节尉""聚义瓦岗寨""归唐事秦府""高祖赐金瓶"等十个事件组成，生动展

五龙潭秦琼故宅碑

示了这位唐初名将的丰功伟绩。东廊墙上刻有《秦琼事迹年表》。西亭廊处则是线描石刻图，主要内容为秦琼演义中的"秦彝托孤""临潼救驾""当锏卖马"等十个情节，丰富和塑造了秦琼的传奇英雄形象。

李清照纪念堂

李清照是两宋之际济南诞生的中国古代最杰出的女词人。有关她的里籍，一说是历城，一说是章丘，至今仍然没有定论。但是无论如何，李清照早年肯定曾在历城居住过。其《如梦令》："常记溪亭日暮，沉醉不知归路。兴尽晚回舟，误入藕花深处。争渡，争渡，惊起一滩鸥鹭。"据考证，词中"溪亭"是当时历水之畔的一处私园，故址就在今天的珍珠泉、王府池子一带，李清照早年曾游览过此亭。李清照作品集命名为《漱玉词》，而在趵突泉以东就有一处漱玉泉，相传李清照曾在此对泉梳妆，吟诗填词。

为此，李清照纪念堂就建在漱玉泉畔。它坐北朝南，有前后两院。大门的迎门屏风，正面书"一代词人"，背面书"传颂千秋"，都出自郭沫若的手笔。正厅门上悬挂的匾额为"漱玉堂"，门前抱柱上有一幅楹联："大明湖畔，趵突泉边，故居在垂杨深处；漱玉集中，金石录里，文采有后主遗风。"也为郭沫若题写。厅内中央为李清照的石膏雕像，展柜里陈列有各种版本的李清照词作，以及海内外学者的研究专著。纪念堂西侧为易安旧居，设有静治堂、有竹堂等展厅，其中最引人注目的是四组蜡像展，分别是"书香门第""词坛绽秀""志同道合""流寓江南"，展现了李清照不同时期的生活画面，生动反映了一代词人才华横溢、历尽甘苦的一生。在纪念堂和易安旧居两院连接回廊上还镶嵌了许多词配画石碑，内容大都是李清照居住济南时期创作的诗词。

辛弃疾故里

辛弃疾（1140~1207），是南宋著名词人和军事将领。他出生于官宦世家，小时候受祖父辛赞的影响，常有抗金复宋之志。21 岁时，他参加了耿京领导的济南抗金义军，不久奉表南归，后历任江阴军签判、建康府判官、湖南安抚使、江西安抚使等职。后因诬告而落职，回到江西上饶带湖新居赋闲，并终老于此。辛弃疾虽然立志恢复宋室，但始终不能行其志，展其才。他遂将对民族命运的关注与深沉强烈的忧患意识付之于词的创作之中，写下了大量词作，将爱国豪放词推向词史的巅峰。

辛弃疾故里在历城区遥墙镇四风闸村。现在的故居是1996 年修建的，2007 年再次修缮。故居主体建筑坐北朝南，共有三进院落。第一进院落迎面正北是三座展室，正中展室采用书法、绘画、摄影、木刻、雕塑等艺术手段，生动形象地展示了辛弃疾豪放悲壮的一生。展橱中陈列着有关辛弃疾研究的书籍、文物，以及著名人士有关辛公的手迹、赞语。西展室为"义胆忠魂"，室中央有一组辛弃疾身披战袍，视察敌情的塑像，墙上壁画描绘了辛弃疾驰马渡江、突入金营、生擒叛徒的场景，幅幅形神兼备。东展室为"一代词宗"，展室中央也有塑像，墙壁上绘制了爱国词人报国无门、慷慨赋词的画面。第二进院落是一组典型的仿宋民居。这里再现了辛弃疾故宅，运用彩塑形象地表现了"幼承祖训""聚义抗金"等历史画面。院落两侧仿建"铅山瓢泉""带湖植杖亭"等景观，呈现了辛弃疾的南归故地。第三进院落则是会议室和画室。

故居院中还建有仿宋六角碑亭，石碑正面刻有"稼轩公遗像"，背面则刻着《宋兵部侍郎赐紫金鱼袋稼轩历仕始末》，详实地概述了辛弃疾一生的经历。亭北屹立着辛弃疾塑像，两侧有碑廊，展示了古今书法名家的辛词书法碑刻。

老舍故居

在市中区南新街58号有一处普通的民居，这就是老舍在济南的故居。1930年夏，老舍应齐鲁大学之邀来到济南，任教于文学院。翌年暑假，老舍与胡絜青女士结婚后，就在学校附近的南新街租了一所当时门牌号为54号（今为58号）的房子，并在这里住了三年。这处房子是用砖和土坯垒建的茅草房，主要房间位于二门内的西、北、东三面，其中老舍住在北屋，房间中部设有隔断，东侧的一间半为卧室，西侧的一间半用于会客和写作。在南新街的小院里，他们的大女儿出生，并取名"舒济"以示纪念。在这里，老舍创作了长篇小说《大明湖》《离婚》《猫城记》《牛天赐传》，以及收录在《赶集》里的大部分短篇小说。另外，他还写了《一些印象》《趵突泉的欣赏》《大明湖之春》等散文佳作，赞赏济南的山水风情，为济南增添了无限光彩与魅力。

老舍搬离这里后，房子几经辗转，由一户徐姓人家买下居住，并对房子进行了翻修，拆除了二门和影壁，砖头土坯墙和草房屋顶被改建成红砖墙和瓦房屋顶，但原有格局基本未变。

2006年老舍故居被公布为第三批山东省省级文物保护单位。令人欣喜的是，2012年底，济南市文物局收购了这处老舍故居，现在正在设计维修中，准备建成一个展示老舍生平事迹和文学成就的纪念馆，让更多的人了解老舍和济南的故事。

4 瑞蚨祥与宏济堂

名扬四海的巨商——瑞蚨祥

瑞蚨祥是闻名海内外的老字号，至今已有 150 多年的历史，是由章丘旧军孟家矜恕堂创办的。同治元年（1862），孟鸿升在济南院西大街（今泉城路）开设了第一家瑞蚨祥绸缎店，主要经营绸缎、布匹和绣货。同治七年（1868），其子孟洛川接管瑞蚨祥，经过他的锐意经营，创新应变，事业蒸蒸日上，不久便跃居济南绸布业的首位。随着资金的日趋雄厚，孟洛川又开始向外地扩展，先后在北京、天津、烟台、青岛、苏州等地开设分店，1924 年在济南经二纬三路开设了瑞蚨祥鸿记分店。其经营业务也拓展到皮货、织染、茶叶、首饰乃至钱庄、当铺等众多领域。到 20 世纪 30 年代初，瑞蚨祥已拥有 16 家企业，房产达 3000 余间，房产总值 800 余万元，仅济南一地即有房产千余间，资金 180 余万元，成为近代中国最大的民族商业集团。

瑞蚨祥的辉煌成就与其先进的经营理念密不可分。它秉持"货真价实，童叟无欺"的经营理念，把讲究诚信作为经商的根本信条。店内出售的商品质量可靠，绝不以次充好，各种商品明码标价，谢绝讨价还价，也不采取大减价、大甩卖等促销办法，从而赢得了顾客的广泛信任。瑞蚨祥的商品齐全，各个档次的货品应有尽有。特别是依靠自己雄厚的资金，千方百计搜罗稀有货品，赢得了丰厚的利润。它的服务热情周到。店员不但主动向顾客介绍商品的性能、价格，不厌其烦地满足顾客的挑选欲望，而且还善于察言观色、揣度心理，使每一位顾客都满意而归。

瑞蚨祥还积极参与慈善事业和公益事业，如在章丘设立社仓，以积谷备荒，还出资修文庙，建尊经阁，设义学，赈济灾民等，树立了博施济众的良好形象。

1937年七七事变后，瑞蚨祥遭受重大损失。特别是1939年孟洛川病逝后，家族矛盾重重，企业资金被分散，瑞蚨祥自此日趋衰落。如今，济南的瑞蚨祥只剩下经二纬三路的店铺，曾经的建筑风韵依旧，但随着时代的变迁和消费时尚的变化，这里门前冷落，生意萧条，已失去了往日的风采。

宏业济民的典范——宏济堂

宏济堂是乐镜宇于光绪三十三年（1907）在济南院前大街（今泉城路）创立的中药店，与北京同仁堂"一脉两支"。在乐镜宇的苦心经营下，宏济堂不断发展壮大。宣统元年（1909）在东流水街开办宏济阿胶厂，并研制出阿胶名品，生意日益兴隆。乐镜宇又看准商埠区的巨大商机，1920年在经二纬五路开设第一支店。1934年，又在经二纬一路开办第二支店。20世纪30年代，宏济堂已发展成为济南中药行业的佼佼者，并与同仁堂、胡庆余堂并称"全国三大药店"。

宏济堂始终坚持"炮制虽繁必不敢省人工，品味虽贵必不敢减物力"的家传规矩和"修合无人见，存心有天知"的传统，所有药物配方、选料、炮制等皆遵循同仁堂老店。乐镜宇千方百计聘请到了同仁堂药剂师等资深店员来店工作，把产品质量放在第一位，从而赢得了广泛的信誉和良好的口碑。

宏济堂勇于开拓，创制出自己的品牌。乐镜宇千方百计聘请到了阳谷县历代为皇室熬胶的世家传人刘怀安等名师来胶厂熬胶，在继承传统阿胶生产技术的同时，鼓励创新，经过反复实验，终于研制出阿胶的独特配方，创出了"九昼夜精提精炼法"，清除了阿胶原有的腥臭味，所产阿胶清香甜润，被誉为九天贡胶。1914年，宏济堂阿胶获山东省物品展览会优等褒奖银牌；1915年，在巴拿马太平洋万国商品博览会上获商品优等金牌奖，远销东南亚和日本。宏济堂阿胶成为驰名中外的品牌。

宏济堂以"宏德广布，济世养生"作为企业的文化，要求店员恪守"宏仁济世、义中取利"的理念。宏济堂主柜之上悬挂着"但愿天下人无病，哪怕架上药蒙尘"的匾牌；根据四季流行病的不同，专为穷苦百姓提供免费的时令药。灾害时期，积极从事捐款、施粥等慈善助民的活动，树立了良好的企业形象。

新中国成立后，宏济堂曾遭遇重重危机，但经过不断努力，重新焕发出了青春活力。2002年与力诺集团整合并成为其旗下核心企业之一，宏济堂的老字号品牌重新树立在了人们面前，并逐步发展成为闻名全国的大型中药制药企业集团。2006年9月，宏济堂被商务部评为首批"中华老字号"百强企业。

六 现代风貌

1 古城新生

1949年10月1日,伴随着北京天安门广场新中国开国大典隆隆礼炮的响起,古城济南的历史翻开了新的一页,由此进入了社会主义新时代。此时的济南,在结束了长期的战争破坏、社会动荡后,经过解放后一年的治理,新的社会秩序逐步建立起来,因战乱影响凋敝了的国民经济和社会事业开始恢复,残破不堪的城市基础设施也得到初步修复。

为了建设新的家园,1950年济南市对城市建设进行了规划设计,编制了新中国成立后的第一个城市规划大纲《济南市都市计划纲要》。之后,又相继于1956年、1959年分别编制了内容更为详尽的《济南市城市建设初步规划》和《济南市城市总体规划》。在规划的指导下,济南的城市面貌得到很大改观。

在50年代,先后辟建了环城马路、历山路、解放路等城

市交通干道，拓宽了贯通古城东西的院西、院东大街（后称
"泉城路"）和共青团路，改建了南北主干道济泺路，市区内
的碎石路面逐步铺装成沥青路面，主要道路上狭窄破旧的砖木
结构桥梁被加宽、改建为钢筋混凝土桥梁，市区道路普遍安装
了照明灯，小清河等排洪河道得到疏浚，改变了旧社会遗留下
来的"马路不平，电灯不亮，排水不通"的城市破旧面貌。
在市北郊和南郊，分别兴建了职工住宅区——工人新村、二七
新村、邮电新村。经过清淤垒池砌岸，拆除杂乱破旧房舍街
巷，整饬周围环境，济南的三大名胜趵突泉、大明湖、千佛山
被辟建为公园，并在北郊兴建了金牛山动物园，原有的中山公
园、青年公园也修葺一新，城市的主次干道均栽种了行道树。
60年代，修筑了连通东部工业区的工业北路、工业南路，改
造了山水沟、圩子壕等城市排水沟渠。采用"民办公助"的
办法，以"人民城市人民建"相号召，发动广大城市居民自
己动手铺筑小街小巷，将市区内的土路全部消除。1965年7
月31日，《人民日报》就此发表题为《济南居民自己动手建
设城市》的通讯，并配发短评《做城市的主人》，对济南市组
织发动群众建设和管理城市的经验给予肯定和宣传。70年代，
在城市道路与铁路交叉点建成了长854.5米、宽18.1米的10
孔双曲拱桥"天桥"，以及八里桥、段店等多处公路铁路立交
道，提高了城市道路的通行能力。

城市面积以老城区为中心向四周扩展，因南部为山地、北
部有黄河，主要往东、西方向发展。到1978年，城市建成区
面积发展到85平方公里，比1949年的23.2平方公里扩大2.7

倍。在空间布局上形成东部王舍人庄、西南部党家庄工业区，北部公路铁路交通功能区，东南部文化功能区。

新中国成立后，民间艺人结束了四处飘零的生活。经过整合戏曲队伍，整理研究演出技艺，传统戏曲艺术得到传承和发展。吕剧作为济南一带最具地方特色的一个戏种，正式得以定名并提高了艺术表现力，五六十年代济南市吕剧团创作演出的《光明大道》《逼婚记》先后登上全国艺术殿堂，赢得荣誉。山东快书《武松传》、评书《铁道游击队》等优秀曲目，脍炙人口，享誉全国。山东剧院、中国电影院、明星电影院、光明影剧院、工人文化宫、工业展览馆等一批文化设施建设起来。千百年来自然留传的文物古迹，被纳入国家保护范畴。1957年济南市公布了第一批市级文物保护单位，后相继建立了济南市博物馆、李清照纪念堂、辛弃疾纪念祠，对长年失修的四门塔、龙虎塔、九顶塔、辟支塔、孝堂山石祠、千佛崖造像等全国、省级重点文物保护单位进行了修复。济南市博物馆1959年对大汶口遗址进行发掘，为大汶口文化的确定和我国古代史研究提供了大量实物资料，成为新中国文物考古事业的一项重大成果。1958年，全国重点综合大学山东大学由青岛迁回济南，在教学科研方面取得一批重要成果，特别是文史学科在全国享有很高的声誉。

2 改革振兴

1978年12月中共十一届三中全会召开后，济南的历史进入了改革开放新时期。在以经济建设为中心的方针指引下，济南的经济持续快速发展，人民生活水平日益提高，社会各业在改革开放进程中全面振兴。

济南市对原有的城市总体规划进行修订，于 1980 年编制完成新的《济南市城市总体规划》。这个规划于 1983 年 6 月被国务院批准，成为济南历史上第一部由国家正式批准的城市总体规划。按照国务院提出的将济南市建设成为"具有泉城特色，环境优美，文明整洁和经济繁荣的社会主义现代化城市"的目标，济南市加大了对城市建设的投入。先后拓宽改建了市区内的纬二路、经七路、经十路、历山路、英雄山路，打通了泺源大街，在市区周遭辟建了全长 51.4 公里的外环路（后称二环路），将市区内的道路与铁路交叉口全部改建为立交道，并兴建了首座城市道路立交工程"八一立交桥"。1982 年 7 月，当时亚洲最大跨径的斜拉式桥梁——济南黄河公路大桥建成通车，结束了在济南依靠轮渡过黄河的历史。90 年代初，山东省内首条高速公路——济南至青岛高速公路建成通车，新的济南长途汽车总站、济南火车站和现代化的济南遥墙国际机场建成投入使用，改建后的济南长途汽车总站客运量在全国一直名列前茅，被誉为"中华第一站"。结合城市道路建设实施旧城改造，相继建成七里山、毕家洼、燕子山、佛山苑、甸柳庄、王官庄等一批住宅小区。市内的工厂企业被有计划地实行"腾笼换业"，迁出城区，将其原址陆续辟建为居住、商务、娱乐休闲区域。承载高技术信息产业发展的济南高新技术产业开发区在市区东部崛起，逐步形成济南东部新城区。对城市公厕实施改造，市内公厕全部实现水冲式化，济南市在90年代连续三次被评为全国"十佳卫生城市"。环绕济南古城的护城河沿线经过拆迁改造、绿化美化，被辟建为环城公园，将趵突泉、黑虎泉、五龙潭、珍珠泉四大泉群和大明湖风景名胜区串连在一起，形成融湖山泉水为一体的济南园林绿化中心，为古老的泉城增添了新的风采。在扩大后的城区南部、东部，分别建设了植物园（后称泉城公园）、百花公园。历史名园"万竹园"得到修葺并向社会开放。

1997年6月15日，中共山东省委常委扩大会议作出济南城市面貌"五年大变样"的决策。随之，纵穿城区南北的顺河高架路、气势恢宏的泉城广场、118公里长的绕城高速公路、横跨黄河的京福高速公路济南段，以及旨在改善城市生态环境的"蓝天工程""造绿工程"、小清河综合治理、鹊山和玉清湖水库等建设项目，相继付诸实施。到2002年，这些项目先后建成投入使用，济南的城市面貌发生了巨大变化。位于市区繁华地段的泉城广场，占地17.43公顷，北濒护城河，西靠趵突泉、东邻黑虎泉景区，广场内涵突出泉城风采和齐鲁精神，被誉为济南的"大客厅"。在市区西南部，曾给城市带来严重污染的两大水泥厂被搬迁，一个名叫"阳光100"的绿色生态社区正在此地兴起。通过拆墙透绿、广造绿地广场，市区的色彩变得青翠起来。趵突泉公园面积由3.9公顷扩展至10.5公顷，泉城"名片"更加亮丽。红叶谷生态文化旅游区、跑马岭野生动物世界、九顶塔民族风情园等在南部山区建成开放。鹊山、玉清湖两大水库建成后向城市提供了新水源，为减少地下水开采、恢复泉水长年喷涌创造了条件。顺河高架路、绕城高速路的建成,缓解了城市交通压力,使途经济南变得顺畅起来。号称济南"第一金街"的泉城路,被改造为宽阔的步行商业街。进出济南的经十东路被拓宽至 144 米,园林小品点缀于道路两侧的绿化带,成为济南的一条标志性景观大道。2002 年,济南市被评为"国家园林城市"。

在这一时期,济南的文化事业也有了很大的发展。传统的杂技艺术推陈出新,在国际舞台绽放异彩。济南市杂技团的《蹬板凳》节目分别在伦敦举行的第十一届世界杂技锦标赛夺得最高奖"英航杯",在巴黎举行的第十届世界"明日"杂技节夺得金奖;《双层晃板》节目在摩纳哥蒙特卡洛杂技节获得"银小丑"奖第一名。济南杂技团声名鹊起,连年应邀到世界各地巡回演出。济南儿童艺术剧院创作演出的《小白龟》《宝贝儿》剧目,分别获得文化部主办的第六届全国舞台艺术"文华新剧目奖""文华表演奖",第九届"文华新剧目奖""文华剧作奖"和"文华舞台美术奖";《宝贝儿》又先后在2001 年、2002 年获得全国第八届"五个一工程"奖、第十届"文华大奖"。民间艺术鼓子秧歌走出国门,闫千户村舞龙队获得全国民间文艺最高奖"山花奖"。展示美术书法大师作品的武中奇作品展览馆、李苦禅纪念馆、王雪涛纪念馆相继开馆,在著名的龙山文化发现和命名地建立城子崖遗址博物馆,灵岩寺、五峰山洞真观、华阳宫等历史文化遗存得到修复并向游人开放,49 处文化遗存于 1995 年被公布为济南市第二批文物保护单位。章丘城子崖龙山与岳石文化城址、长清仙人台周代邿国贵族墓、长清双乳山汉代济北王陵、章丘西河新石器文化遗址、章丘洛庄汉墓的考古发掘取得惊世成果，分别被评为1990、1995、1996、1997、2000年度"全国十大考古新发现"。高等教育事业在这时期跨越式发展，山东经济学院、建筑工程学院、艺术学院、济南大学等十几所普通高等院校先后恢复或新建，山东大学、山东工业大学、山东医科大学三校于2000年合并为新的山东大学，教学科研整体实力有了显著提升。80年代，运动场馆配套的山东省体育中心在英雄山下建成。1988年10月，首届全国城市运动会在济南举行，40支城市代表团、2300多名运动员参加了为期9天的田径、游泳、体操、足球等12个大项目的比赛。

3 和谐发展

进入21世纪，济南市在"五年大变样"的基础上，实现新跨越，以建设美丽泉城，呼应人民群众新期待为目标，国民经济和社会各项事业全面、科学、和谐发展。

经济发展

经过60多年的发展，济南的经济实力进一步增强。2012年，济南的生产总值达到4812.68亿元，人均生产总值69574元，按现行汇率折算为11022美元，城市发展已经进入工业化中后期和服务业加速发展的黄金时期。第一、二、三产业的比例由"十五"末的7.3∶45.9∶46.8调整为5.2∶40.3∶54.5，产业结构更加合理。

2012 年，规模以上工业高新技术产业产值占规模以上工业总产值的比重达到了 40%，在高新技术产业领域涌现出了浪潮、中创、重汽等一大批创新型企业，在数控机床、锻压设备、发电设备、服务器和软件等领域拥有了一批名优特产品，其中许多产品的国内市场占有率居于全国前列，形成了独特的产品创新优势。

现代服务业发展迅速，2012 年全市服务业实现增加值 2621.6 亿元，比上年增长 10.1%。在服务业内部结构中，现代服务业的地位和优势日益突出，其中，金融、信息服务、物流、会展、文化旅游等行业均实现了较快增长，现代服务业占服务业的比重达到 48.6%。

济南拥有 6 个国家级科技园区和 7 个国家级火炬计划特色产业基地，是首批国家创新型试点城市。济南的高新区、大学科技园、明水经济开发区、济北工业园等园区产业创新集聚效应显著增强，初步形成了电子信息、服务外包、生物医药、交通装备和高端服务业等优势产业，为济南经济的创新发展提供了重要依托。

社会建设

济南市深入贯彻落实科学发展观，坚持"推动科学发展、建设美好济南"的思路，围绕保障和改善民生谋划城市建设，社会发展保持了良好态势。

2012 年，城市居民人均可支配收入达到 32569.8 元，比上年增长 12.7%，农民人均纯收入 11786.2 元，比上年增长 13.2%，人民生活水平不断提高。就业形势保持稳定，"十一

五"时期城镇新增就业 67.8 万人，农业富余劳动力转移就业
88.8 万人次，城镇登记失业率低于 4%，劳动者合法权益保障机
制进一步健全。社会保障范围逐步扩大，2012 年城镇基本养老
保险参保人数 175 万人，城市最低生活保障标准由上年人均每
月 400 元提高到 450 元，农村最低生活保障标准由上年人均不低
于 1800 元提高到 2300 元，城镇居民医疗保险参保率达 90% 以上，
新型农村合作医疗基本实现全覆盖，社会保障体系建设呈现出了
"广覆盖、保基本、多层次、可持续"的趋势。保障性住房建设加
快推进，开工建设各类保障性安居工程住房 19033 套。

　　和谐济南建设扎实推进，涌现出了泉城义工、公交温馨服
务、贴心民政等一批精神文明建设品牌和历下区、市中区等一
批国家、省和谐社区建设示范单位，市民文明素质和城市文明
程度大幅提升。

城市规划

　　城市规划建设上了一个新台阶。按照中共山东省委、山东
省政府提出的济南市城市建设高起点规划、高标准建设、高效
能管理的要求，济南市聘请高水平规划专家，对城市空间发展
战略及泉城特色风貌带空间结构进行了规划研究。2003 年 6
月 26 日，中共山东省委召开常委扩大会议，确定了济南市
"东拓、西进、南控、北跨、中疏"的城市发展战略。"东
拓"，即济南市城区向东拓展，建设东部新城区；"西进"，即
城区向西挺进，建设西部新城区；"南控"，即控制城区向南
发展，以保护泉城的地下水源补养区和南部山区自然生态区；
"北跨"，即城区择机跨过黄河，向北发展；"中疏"，即疏解

老城区的中心职能，降低其人口、就业、交通压力，恢复泉城历史风貌。

在新的城市规划指导下，新一轮城市建设全面展开。为适应高等教育大发展的需要，各高等院校均开辟了新的发展空间，一座集中9所高校的大学科技园在济南的西部长清区迅速建起。随着龙奥片区、唐冶片区、孙村片区的兴建和济南高新技术开发区的持续建设，一个充溢着时代气息的新城区在济南东部展现初容。2009年建成的现代化的济南奥林匹克体育运动中心，气势恢弘，场馆以济南市树柳树、市花荷花为造型，极富地方特色和时代特色，成为这个新区的标志性建筑。以京沪高速铁路济南西客站建设为先导，拉开了建设济南西部新城区的序幕。到2012年，曾长期制约这个区域发展的张庄军用机场被搬迁，由济南大剧院、图书馆、美术馆、群众艺术馆"一院三馆"组成的山东省会文化艺术中心拔地而起，京沪高铁济南西客站已建成投入使用，西客站片区道路网已初步铺就，规划560米高的恒大金融中心已破土动工，一个现代化的新城区正在济南西部崛起。横亘市区北部的小清河河道被拓宽挖深，实现蓄水通航，在河上新（改）建造型各异的桥梁17座，两岸绿柳笼荫，成为城市新的风景线，一个沿河伸展的城市新区——滨河新区正在高标准规划建设中。济南老城区的功能和形象也有了极大的提升。先后实施背街小巷治理和棚户区改造工程，五里沟、馆驿街、振兴街、魏家庄、官扎营等40余处集中连片的低矮破旧棚户区被拆迁，到2012年已建成发祥巷、馆驿街等近20个新片区，市民的居住条件得到极大改善，城市容貌更加齐整。万达广场、和谐广场、恒隆广场等一批城市综合体相继竣工投入使用。泉城特色标志区建设启动。对大明湖景区进行扩建，形成"超然致远""七桥风月""秋柳含烟"等新景观且与城市街区相连，大明湖由"园中湖"变为"城中湖"；改造护城河河道及闸坝，实现护城河全线乘船游览，构成独具特色的泉城水上游览线。对明府城—百花洲片区实施整治，充分展现了"家家泉水，户户垂杨"的古城魅力。当下的济南，"一城三区"（老城、东部新区、西部新区、滨河新区）的空间发展格局已经形成并在发生着日新月异的变化。城市建成区面积 2012 年达到 363.3 平方公里，分别为 1978 年的 4.3 倍、2000 年的 3 倍，近十年成为济南历史上城市规模发展最快的一个时期。

近十年间，又建成通往市外的济菏（泽）、济莱（芜）高速路和青银高速济南绕城北环线，开通了青银高速、济阳、建邦三座跨黄河公路大桥和一座京沪高铁济南黄河铁路大桥，另外三座跨黄河大桥和一条穿黄河隧道也在规划建设中，济南与省内各市的"一日生活圈"已经形成，济南城区"北跨"的规划开始酝酿。市内的交通条件也得到较大改善，分别实施顺河高架路北延、经六路西延、舜耕路打通、旅游路辟建、北园路和二环东路高架，建成纬六路道桥和北园、腊山、燕山立交桥等。济南遥墙国际机场扩建，飞鸟造型的新航站楼投入使用，来往航班显著增多。

持续不断的泉水保护取得历史性突破。通过实施"增雨、补源、置采、控流、节水"保泉十字方针，时涌时停的趵突泉于 2003 年 9 月 5 日再次从"沉睡"中"醒"来后，迄今一直喷涌不绝，济南泉水恢复了持续涌流。新的"七十二名泉"经评选产生，慕名前来赏泉的国内外游人越来越多，首届"泉水节"将在泉水持续喷涌十年之际隆重举办。2009 年秋，第七届中国国际园林花卉博览会在济南成功举办，新落成的博览会园区位于长清大学科技园内，荟萃了国内外精品园林展园 108 个，美不胜收。新的济南植物园和九如山、水帘峡自然生态风景区也在此期间建成开放。

文化和教育事业

济南市坚持从改善人民群众的基本文化权益出发，按照公益性、基本性、均等性和便利性的要求，以政府为主导、以公共财政为支撑、以基层为重点，大力推进文化体制改革、文化基础设施和文化网络建设，文化事业发展取得了显著成效，泉城文化特色日益彰显。

继续深化行政管理体制改革，广播电视、新闻出版、国有文艺院团改革取得新的进展和突破。公益性文化事业单位改革不断深化，促进了公益性文化事业的健康发展。推进市场准入制度创新和文化业态创新，加快了非公有资本投资文化产业的进程。全面推动网络式文化设施体系的规划和建设，按照创建文化先进县区、社区的要求，建设和完善了县（市）区级、社区（乡镇）级图书馆、文化馆、文化站，形成布局合理、功能齐全、覆盖城乡的文化设施网络。积极打造文化活动品牌，群众性文化活动全面展开。截止到 2012 年底，全市文化馆（站）及群众艺术馆已达 153 个，城市电影院 22 家，博物馆 12 个，档案馆 14 个，公共图书馆 12 个，市级以上文物保护单位 156 处，其中国家级文物保护单位 12 处。

章丘朱家峪村历史文化遗产得到保护开发，2005 年该村进入第二批中国历史文化名村之列，是山东省唯一获此称号的村落，被誉为"齐鲁第一古村，江北第一标本"。2006 年以来，分四批公布了 175 项济南市级非物质文化遗产名录，公布了第三批市级文物保护单位。首届中国非物质文化遗产博览会于 2010 年 10 月在济南举办。全国艺术界盛会"第十届中国艺术节"开幕式将于 2013 年 10 月在济南举行。章丘危山汉代兵马俑坑、济南大辛庄商代遗址发掘，先后被评为 2003、2010 年度全国十大考古新发现。由陈列展厅和全景画馆组成的济南战役纪念馆，于 2003 年在烈士长眠之地英雄山建成开放。济南市京剧团新编历史剧《李清照》、市杂技团《转台叠椅》节目，先后于 2004、2005 年获得第四届中国京剧艺术节优秀剧目银奖、第 17 届蒙特卡洛"初登舞台"赛最高奖"金 K 奖"。2009 年 10 月，中华人民共和国第十一届运动会开幕式、闭幕式和主要赛事在济南成功举办，全国 46 个代表团、10000 多名运动员前来济南参加这届运动会，胡锦涛、温家宝等党和国家领导人以及国际奥委会主席罗格分别出席了开、闭幕式等重大活动。在新落成的济南奥体中心举行的开幕式盛况空前，《和谐盛世齐鲁情》大型文艺表演气势宏大，精彩纷呈，博得中外宾客的高度评价。

近年来，济南市全面贯彻党的教育方针，不断深化对教育体制、管理机制和教育过程的改革，全面推进素质教育，全面提高教育质量，各级各类教育事业实现了健康协调发展。2012年，全市拥有各级各类学校996所，其中小学613所，普通中学206所，中等职业学校和技工学校95所，高等院校40所，各级各类专任教师86359人，在校生151万人，已建立起比较完善的国民教育体系和终身教育体系，基本实现了基础教育现代化，全民受教育水平明显提高，城乡劳动者的职前、职后教育有了较大发展，新增劳动力普遍达到高中以上学历水平，适龄青年高等教育毛入学率达到50%以上，保持了全国发达地区的较高水平。

经过新中国成立后60多年特别是改革开放以来的建设，历史文化名城济南发生了翻天覆地的变化。如今的济南，经济、政治、文化、社会、生态文明建设全面推进，城市面貌日新月异，人民生活持续改善，社会和谐稳定，正在朝着发展更好、城市更靓、管理更优、生活更美的更高水平的小康社会目标阔步前进。

参考书目

徐北文等：《济南风情》，山东人民出版社，1982。

徐北文主编《济南简史》，齐鲁书社，1986。

徐北文：《济南史话》，山东友谊出版社，1988。

山曼主编《济南城市民俗》，济南出版社，2001。

徐北文：《海岱居文存》，齐鲁书社，2006。

邹卫平主编《济南非物质文化遗产》，大众文艺出版社，2007。

安作璋主编《济南通史》，齐鲁书社，2008。

张华松：《齐地历史与济南文化》，齐鲁书社，2010。

荣新：《济南民间艺术》济南出版社，2010。

徐长玉：《济南文化通览》，山东人民出版社，2012。

张继平：《曲山艺海漫话》，济南出版社，2012。

济南市史志编纂委员会编《济南市志》，中华书局，1997。

后　记

经全体编纂者的努力，《济南史话》这本小册子终于成稿。

济南是国家级历史文化名城，她的历史悠久绵远，文化博大精深。《济南史话》作为"中国史话"社会系列之一种，在编撰过程中，努力以简短的篇幅、精练的笔墨从不同层面和角度反映济南历史文化的重点和亮点，读者诸君若能通过这本小册子对济南的历史文化有一个初步的了解和认识，我们的目的也就基本达到了。

本书稿执笔人分工如下：前言及第一、二章，张华松执笔；第三章，史瑞玲执笔；第四章，戴永夏执笔；第五章，董建霞执笔；第六章，朱佩锋执笔。张华松主持设计本书纲目框架，并最后审订书稿。

本书编纂出版过程中，得到了济南市委宣传部的大力支持。同时，承蒙《中国史话》编委会以及"中国史话"编辑部的悉心指导，社会科学文献出版社编辑同志也付出了许多心血，在此致以谢忱。

　　由于时间紧迫，兼之学力所限，本书可能还存在诸多不足
或缺憾，敬请广大读者指正。

张华松

2014 年 10 月

史话编辑部

主　　任　宋月华

副 主 任　黄　丹　杨春花

成　　员　(以姓氏笔画为序)

王　和　王玉霞　刘　丹　孙以年

连凌云　范明礼　周志宽　高世瑜

行政助理　苏运才

图书在版编目（CIP）数据

济南史话/张华松主编. —北京：社会科学文献出版社，
2014.12
（中国史话）
ISBN 978－7－5097－5151－0

Ⅰ.①济…　Ⅱ.①张…　Ⅲ.①济南市－地方史
Ⅳ.①K295.21

中国版本图书馆 CIP 数据核字（2013）第 238628 号

"十二五"国家重点图书出版规划项目

中国史话·社会系列
济南史话

主　　编／张华松

出 版 人／谢寿光
项目统筹／宋月华　谢　安　　责任编辑／黄　丹

出　　　版／社会科学文献出版社·史话编辑部（010）59367215
　　　　　　地址：北京市北三环中路甲 29 号院华龙大厦　邮编：100029
　　　　　　网址：www.ssap.com.cn
发　　　行／定制出版中心（010）59366509　59366498
　　　　　　市场营销中心（010）59367081　59367090
　　　　　　读者服务中心（010）59367028

印　　　装／三河市尚艺印装有限公司
规　　　格／开 本：889mm × 1194mm　1/32
　　　　　　印 张：5　字 数：107 千字
版　　　次／2014 年 12 月第 1 版　2014 年 12 月第 1 次印刷
书　　　号／ISBN 978－7－5097－5151－0
定　　　价／25.00 元

本书如有破损、缺页、装订错误，请与本社读者服务中心联系更换

▲ 版权所有 翻印必究